A Gardener's Latin

A Gardener's Latin
by Richard Bird

정원사를 위한
라틴어 수업

A Gardener's Latin

식물의 이름을 이해하는 법

리처드 버드 지음 | 이 선 옮김

궁리
KungRee

차
례

들어가면서

식물에 대한 세계 공용어는 두 가지 측면에서 필요하다. 우선, 그 식물을 말하거나 표기할 때는 어디서나 하나의 이름으로 표현되어야 한다. 러시아에서 쓰는 이름과 미국에서 쓰는 이름은 동일해야 한다. 예컨대 영국에서 블루벨(Bluebell)이라 불리는 식물과 스코틀랜드에서의 블루벨(Bluebell)은 서로 다른 식물이다.＊ 동음이의어(同音異義語)는 필연적으로 혼란을 불러 일으킨다.

그리고 서양벌노랑이(*Lotus corniculatus*로투스 코르니쿨라타)＊는 영국에서만 70가지 이상의 향명(鄕名)＊을 가지고 있다(가장 흔한 향명은 bird's-foot trefoil이다). 1753년 린네(Linnaeus)＊가 현대적 체계의 명명법＊을 고안했을 당시, 라틴어는 유일한 공용어였을 뿐 아니라 과학의 언어이기도 했으니, 명명(命名)에 대한 최선의 선택이었다.

　　린네는 식물의 명명(命名)에 착수하기 약 20년 전에 이미 모든 식물의 상호관계를 명확히 분류하는 체계를 고안하였다.[*] 그는 모든 종류의 미나리아재비(buttercups)를 *Ranunculus* 라눙쿨루스라는 그룹으로 모아, 그것을 속(屬, genus)이라 명명하였다. 그리고 속을 구성하는 각 식물은 종(種, species)이라 하였다. 관련된 그룹이나 속들을 모아서는 더 큰 그룹, 즉 과(科, familia)라 명명하였다. 따라서 *Caltha* 칼타(동의나물속), *Anemone* 아네모네(바람꽃속), *Clematis* 클레마티스(으아리속)는 식물학적으로 *Ranunculus* 라눙쿨루스(미나리아재비속)와 밀접하므로 과의 이름은 그 과에서 가장 전형적인 속에서 나온다. 이 경우에는 과명이 Ranunculaceae 라눙쿨라체에(미나리아재비과)이다.

　　식물의 분류에서 과는 중요하지만 과명은 식물의 학명에 나타나지 않는다. 식물 학명(學名)[*]의 첫 번째 부분은 속인데, 속명(屬名)은 유래가 제각각이다. 식물을 묘사하기도 하고 때로는 고대부터 쓰인 이름도 있다. 어떤 이름은 심지어 새로 만든 낱말이기도 하다. 이러한 속명들의 대부분이 정원사들에게 잘 알려져 있다. *Hosta* 호스타(비비추속)[*], *Fuchsia* 푸크시아(푸크시아속)[*], *Chrysanthemum* 크리산테뭄(국화속)[*], *Delphinium* 델피니움(델피늄속)[*] 등이 그것이다.

이름의 두 번째 부분은 종소명(種小名)이다. 종소명은 그룹 전체를 가리키는 것이 아니라 개별 식물들을 의미하고 그 식물을 설명하는 경우가 많다. 예를 들면 *Geranium pyrenaicum* 게라니움 피레나이쿰*은 피레네 산맥*에 서식하는 제라늄이며, *Geranium tuberosum* 게라니움 투베로숨*은 괴경(塊莖, 덩이줄기)*을 가진 제라늄이다. 동일한 속의 식물이 계속 언급될 때는 속명의 첫 글자만 표기하기도 한다. *Geranium tuberosum*은 *G. tuberosum*으로 나타낼 수 있다.

식물명은 보통 라틴어를 기반으로 하기 때문에 종(種)의 성별(性別)이 해당 속(屬)의 성별과 일치해야 한다. 이것은 어미가 -us(남성), -a(여성) 및 -um(중성)으로 끝나는 속(屬)에서 흔히 볼 수 있다. *Hosta graillima* 호스타 그라일리마와 *Geranium nodosum* 게라니움 노도숨이 대표적이다. 종소명이 다른 언어에서 파생된 경우에는 해당 언어의 어미가 적용된다.

식물학자들은 간혹 종을 아종으로 세분할 필요가 있을 때, 또 다른 요소로 ssp.*라는 약자를 추가하기도 하지만 항상 그런 것은 아니다. 따라서 *Geranium sessiliflorum* ssp. *novae-zelandiae* 게라니움 세실리플로룸 습 노베젤란디에는 ssp. 표기를 생략하기도 한다.* 한편 아종(subspecies)으로까지 구분해 부를 만큼 중요하지 않은 식물이라면 변종(變種, varietas, 약어로 var.)*이라고 부른다. *Geranium sanguineum* var. *striatum* 게라니움 상구이네움 바르 스트리아툼이 이런 경우이다.

원예 분야에서는 식물을 품종(品種)이라는 또 다른 유형으로 나눈다. 원예에서는 품종 구분이 필요하다. 그러나 색깔과 같이 겉으로 드러난 차이만으로 품종을 나누기 때문에 식물학적으로는 구별할 필요가 없다. 품종은 *Geranium sylvaticum* 'Mayflower' 게라니움 실바티쿰 '메이플라워'처럼 작은따옴표로 표시한다. 일부 품종명은 금지 규정이 시행되기 전부터 통용되었지만 그래도 품종명은 라틴어로 표기하면 안 된다.

한 가지 더 설명해야 할 사항은 *Geranium×oxonianum*게라니움 크룩스 옥소니아눔처럼 학명에 간혹 X 표기가 포함된 경우이다. 이것은 교잡종임을 나타낸다. 두 부모 모두가 알려져 있을 경우에는 학명에 그 이름들을 표기한다. 예컨대 *Passiflora×caeruleoracemosa* 파시플로라 크룩스 체룰레오라체모사는 *Passiflora caerulea* 파시플로라 체룰레아와 *Passiflora racemosa*파시플로라 라체모사 사이의 교잡종이다.

접두사

대부분의 종소명은 *alba* 알바(흰색의)처럼 간단한 단어로 구성되어 있지만 두 단어로 구성된 것도 있다. 종소명 *argophyllum*아르고필룸은 흰색을 뜻하는 *argo* 아르고와 잎을 뜻하는 *phyllum* 필룸이 합쳐져 '흰색 잎의'라는 뜻이다(*Olearia argophylla* 올레아리아 아르고필라* 라는 식물은 '흰색 잎의 올레아리아'라는 의미를 내포하고 있다). 많은 단어가 이런 식으로 구성되어 있는데, 예를 들면 *triphyllum*트리필룸은 세 개의 잎이 달린, *hexandra* 헥산드라는 여섯 개의 수술을 가진이란 의미이다.

접두사의 경우 크기 또는 위치를 나타내는 형용사나 부사가 대부분이다. 크기를 나타내는 용어로는 *macro-* 마크로(대형의. 예: *Aster macrophyllus* 아스테르 마크로필루스*, 큰 잎을 가진 아스터), *parvi-* 파르비(소형의. 예: *Cyclamen parviflorum* 치클라멘 파르비플로룸*, 작은 꽃이 피는 시클라멘) 등이 있다. 또한 *atro-* 아트로(어두운. 예: *atrosanguineus* 아트로상구이네우스, 검붉은)처럼 색감을 나타내는 용어도 있다. 위치를 의미하는 용어도 자주 사용한다. *transcaucasicus* 트란스카우카시쿠스는 코카서스 산맥의 남쪽(*transcaucasian*)을 의미한다. *salicifolia* 살

리치폴리아(버드나무 잎과 같은)처럼 간혹 다른 식물과 연관된 접두어도 있는데, 버드나무를 뜻하는 *salix* 살릭스와 잎을 뜻하는 *folia* 폴리아의 합성어이다.

　　그러나 일부 접두사는 여러 뜻을 내포하기도 한다. 예를 들어 *sub* 숩은 아래라는 위치를 나타낼 뿐만 아니라 '거의', '다소' 또는 '완전히 …하지는 않은'이라는 뜻도 가진다. *subalpinus* 숩알피누스는 고산대 아래쪽에 위치한 '아고산대'를 의미하지만, *subcaeruleus* 숩체룰레우스는 '연푸른색' 또는 '푸르스름한 색'을 의미하며, *subcordatus* 숩코르다투스는 '심장 모양과 다소 비슷한'이란 뜻이다. 하지만 전체적으로 보면 대부분의 접두사는 그 의미가 분명하다. 대다수의 학명에 공통적으로 등장하는 접두사와 접미사를 많이 알면 풍부한 어휘력을 쌓는 기초가 될 것이다.

actino-	방사상의
aniso-	부등(不等)의, 같지 않은, 울퉁불퉁한
ante-	앞에, 이전에, 우선
argo-	흰, 백색의
atro-	어두운, 검은
bi-, bis-	두 번, 둘
calli-, calo-	아름다운, 예쁜
chlori-	분리된, 독립된
de-	하향의, 하강의
fici-	무화과 비슷한
heli-	태양
hex-	여섯
hyper-	…보다 많은, …보다 위인, 초과의
hypo-	아래에, 밑에
macro-	큰, 긴
magnus-	커다란, 방대한, 풍부한
neo-	새로운, 새
non-	아니, 않(다), 없(다)
parvi-	작은, 소규모의
poly-	많은,
post-	뒤에, 후에
pre-	전에, 앞에
pro-	전에, 앞에
ptero-	날개가 달린, 날개의
quadri-	넷, 4의
re-	뒤쪽
salici-	버드나무
sub-	아래에, 부분적으로, 약간, 거의
super-	…보다 위에, …보다 많은, …을 넘는
trans-	…을 통해, 가로질러
tri-	셋, 3의
uni-	하나, 1의
xero-	건조한
xylo-	나무의, 나무 같은

접미사

접미사는 다른 단어와 결합된다는 의미에서는 접두사와 유사하지만, 단어의 끝에 추가된다. 접미사의 식별은 쉽지 않을 수도 있지만, 학명에 익숙해지고 자주 접하다 보면 명확해진다.

접미사는 *macrorrhizus* 마크로리주스(큰 뿌리의. *macro-*: '큰' 또는 '긴', *-rhizus*: 뿌리의)처럼 접두사와 결합하기도 한다. 또 다른 경우는 *rupestris* 루페스트리스(암석이 있는 곳에서 자라는. *rupes*: 암석, *-estris*: 생육지)처럼 명사에 접미사가 붙기도 한다. 장소를 나타내는 명사에 접미사가 붙는 형태를 가장 쉽게 볼 수 있는데, 예를 들면 영국의 소도시인 Stevenage(스티버니지)*에 접미사 *-ensis* 엔시스가 붙어 *stevenagensis* 스테베나겐시스라는 학명이 만들어졌다. 꽃, 줄기, 잎 등 식물의 주요 부분을 나타내는 접미사가 가장 빈번하게 나타난다. 이때는 구체적인 표현이 앞에 붙는다. *phyllus*필루스는 '잎이 있는'이라는 뜻으로, *triphyllus* 트리필루스는 '3개의 잎이 있는', *polyphyllus* 폴리필루스는 '많은 잎이 달린' 식물의 학명에 사용된다.

학명에 *macropetala* 마크로페탈라*라는 용어가 들어가면 꽃잎이 크거나 긴 식물일 가능성이 높다. *-folius* 폴리우스는 '잎'을 뜻하는 접미사이며, *rubrifolius* 루브리폴리우스는 적색의 잎을 의미한다. *-florus* 플로루스는 '꽃이 핀'이라는 의미로 흔히 다양한 접두사와 함께 쓰인다. *densiflorus* 덴시플로루스는 '꽃이 조밀한'이라는 뜻이며, *parviflorus* 파르비플로루스는 '꽃이 작은'이라는 뜻이다.

일부 어미는 미묘한 뉘앙스의 차이를 설명한다. *ruber* 루베르는 '적색(赤色)의'란 뜻이지만, *rubellus* 루벨루스는 '불그스름한'이라는 의미를 나타낸다. *-issimus* 이시무스는 최상급을 나타내며, *spinosissimus* 스피노시시무스*는 '가시가 매우 많은'이란 뜻이다.

-aceus	닮은, 유사한
-anthemus	꽃의, 꽃잎의
-anthus	꽃의, 꽃잎의
-ascens	…에 가까운, 거의 …의, 적절한
-bundus	능력이 있는, 많은
-cellus	아주 작은, 왜소한, 색이 엷은
-colour	…한 색깔의, 색깔이 있는
-doxa	영광, 영예, 장관(壯觀)
-ellus	아주 작은, 왜소한, 색이 엷은
-ensis	지역, 원산지
-escens	…에 가까운, 거의 …의, 적절한
-estris	…에 자라는, 생육지
-fer	…을 가진, …을 껴안은[抱]
-fid	나뉜, 갈라진
-florus	꽃의, 꽃잎의
-folius	잎의, 잎이 …개인
-formis	…의 모양의, …의 형태의
-icola	…의, …으로, …에서부터
-ineus, -inus	…처럼, 비슷한
-iscus	더 적은, 덜한
-issimus	최상의, 최고의, 매우 …한
-nervis, -neuris	엽맥의, 잎맥의
-odes, -oides	비슷한, 유사한
-osma	향기로운, 향긋한
-osus	풍부한, 충분한, 큰, 많은
-partitus	나뉜, 깊게 갈라진
-phorus	…을 가진
-phyllus	잎의, 잎이 …개인
-quetrus	모난, 각이 있는
-rrhizus	뿌리의, 뿌리 깊은
-stemon	수술의, 수술을 가진
-stylus	…식의, …형태의
-thamnus	관목과 비슷한
-usculus	아주 작은, 왜소한, 색이 엷은

일반적인 특성

식물에는 어떤 고유의 느낌, 즉 개성이 있다고 할 수 있다. 이는 종종 식물의 이름에 반영된다. *Vulgare* 불가레*는 어느 한 속(屬)에서 가장 일반적인 식물로 간주할 때 쓰는 용어이다. 앵초(*Primula vulgaris*프리물라 불가리스)가 그런 사례이다. 물론 어떤 속(屬)에서 가장 일반적인 식물이란 그곳이 어디인지에 따라 다를 것이다. 대부분 상대적 개념이 그렇듯이 아름다움도 보는 사람에 따라 다르다. 어떤 사람은 그 식물에 매력을 느끼지만 그렇지 않은 사람도 있다.

어쨌든 많은 종(種)이 식물의 아름다움을 묘사하는 학명을 쓴다. *bellus* 벨루스라는 종소명은 '아름다운'이라는 뜻이라는 것을 쉽게 알 수 있다. *callistus* 칼리스투스는 '매우 아름다운', *agetus* 아게투스는 '놀라운'이라는 뜻인데, 잘 알려져 있지 않다. *elegantissima* 엘레간티시마가 '매우 우아한'을 뜻한다는 것은 다 아는 사실이고, *dius* 디우스*는 신들에게 속한 식물이라는 뜻이므로 더욱 위대한 아름다움을 나타낸다.

mirabilis 미라빌리스 또한 식물에 대한 감탄의 표현으로 '특별하고 멋지거나 놀랄 만하다'는 뜻이다. *mirandus* 미란두스도 같은 의미를 가졌다. 그러나 부정적인 뜻을 가진 학명도 많다. *decipiens* 데치피엔스는 '기만하다'라는 의미이고 *fallax* 팔락스는 '위선적'이라는 뜻이다. *Sedum debilis* 세둠 데빌리스의 종소명 *debilis* 데빌리스는 '약한, 허약한, 쇠약한'이라는 의미로 쓰인다. *inops* 이놉스도 '빈약하거나 부실한' 식물을 뜻한다.

　　식물의 학명에는 저속한 뜻이 담긴 것들도 있다. *adulterinus* 아둘테리누스에는 '간통의'라는 뜻이 있고(즉 잡종 발생이 쉽다), *impudicus* 임푸디쿠스는 '음탕하거나 파렴치한' 특성을 나타낸다! '위험하거나 골칫거리가 될 수 있다'는 뜻의 *infestus* 인페스투스라는 학명을 가진 식물은 피하는 것이 낫다.

adulterinus	간통의, 잡종 생성이 쉬운
agetus	멋진
bellus	아름다운
callistus	매우 아름다운
communis	흔히 자라는
debilis	약한, 미미한
deciduus	낙엽성의
decipiens	기만하는
elegantissima	매우 우아한
fallax	거짓의
fecundus	수확이 많은
feris	야생의
floribundus	꽃이 잘 피는
generalis	흔한, 우세한, 평범한
illustris	저명한, 훌륭한
impudicus	외설적인, 파렴치한
infestus	위험한, 해를 끼치는, 성가신
insignis	의미 있는, 현저한, 놀랄 만한
major	중요한, 더 큰
mirabilis	기이한, 놀라운, 주목할 만한
mirandus	기이한, 놀라운, 주목할 만한
mixtus	혼합된
modestus	보통의
monstrosus	비정상적인, 거대한
permixtus	혼란스러운
robustus	튼튼한, 성장하는
simplex	단순한
singularis	특이한, 뚜렷한, 색다른
tristis	윤기 없는, 처량해 보이는
vulgare	흔한

색깔

검은색과 흰색

정원이나 화단의 가장자리*에 흰색과 검은색의 꽃이 있다면 굉장히 놀랄 만한 일이다. 그러나 이렇게 심어보려고 해도 당장 떠오르는 검은색 식물이 많지 않다. 하지만 이름에 검은색이란 뜻을 포함한 식물은 많다. 이것은 대개 꽃 이외의 부분, 특히 나뭇잎과 씨앗의 색을 의미한다. *Helleborus niger* 헬레보루스 니게르*의 꽃은 흰색이지만 뿌리는 검은색이다! 다른 색깔과 마찬가지로 검은색에도 여러 단계가 있다. '검은'을 뜻하는 *niger* 니게르부터 '새까만'을 뜻하는 *anthracinus* 안트라치누스, '거무튀튀한'을 뜻하는 *fulginosus* 풀기노수스, '거무스름한'이라는 뜻의 *nigricans* 니그리칸스까지 다양하다.

물론 검은색과 흰색 사이에는 회색이 있다. 회색의 꽃은 거의 없지만, 회색의 잎은 정원에서 인기가 높다. 특히 은빛이 돌 때는 더욱 그렇다. 회색 또한 다양하다. *cinereus* 치네레우스는 회색을 뜻하는데, 이런 색깔을 띠는 식물을 *cinerascens* 치네라센스(다소 회색빛이 도는)라고도 한다.

griseus 그리세우스는 진주빛 회색이라는 뜻으로, ceanothus griseus 체아노투스 그리세우스*라는 식물의 잎 뒷면에 나 있는 털 색이다. incanus 인카누스는 좀 더 흰색에 가까운 회색을 의미한다. argenteus 아르겐테우스는 '은색' 또는 '은색의'라는 뜻인데, 이런 용어들은 대부분 잎에 난 은색 털에서 기인한다.

흰색 꽃의 높은 인기는 학명에도 잘 나타나 있다. 가장 일반적인 alba 알바(흰색)는 대부분의 정원사들이 맨 처음 배우는 종소명이다. albescens 알베센스도 흰색을 의미하지만, 노란색이나 연분홍색이 흰색으로 바랜 듯한 색에 가깝다. lacteus 락테우스는 약간 노란색을 띤 흰색, 즉 유백색을 뜻한다. niveus 니베우스*는 눈처럼 새하얀이라는 뜻이고, Rhododendron zaleucum 로도덴드론 잘레우쿰*의 종소명 zaleucum 잘레우쿰도 유사한 뜻을 지니고 있다.

alba	흰색의
albescens	약간 흰색의, 색이 바랜
albicans	다소 하얀
albidus	희끄무레한
albomaculatus	흰점이 있는
albopictus	흰색을 칠한
albovariegatus	흰색이 얼룩덜룩한
anthracinus	새까만
argenteus	은색, 은색의
argo	흰색의
cinerascens	다소 회색빛이 도는
dealbatus	하얘진
fulgineus	거무스름한
fulginosus	거무튀튀한
griseus	진주빛 회색, 회백색의
incanus	회백색의
lactescens	회뿌연
lacteus	유백색의
lividus	납빛의, 잿빛의
margaritus	진주빛의
niger	검은
nigrescens	거무스름한
nigropunctatus	거뭇거뭇한
nivalis	눈처럼 새하얀, 빙설대에서 자라는
niveus	눈처럼 새하얀, 눈백색[雪白色]의
nivosus	눈처럼 새하얀
plumbeus	납[鉛] 회색의
pullus	새까만
ravus	잿빛의
subcanus	약간 회색을 띤
vestalis	하얀
virginalis	순백색의
zaleucus	새하얀

색깔

빨간색과 분홍색

많은 사람들이 꽃의 색깔을 통해 식물을 의식하기 시작한다. 그다음이 잎의 색깔이다. 따라서 색은 식물 명명에 중요한 역할을 한다.

특히 눈에 띄는 색이 빨간색인데 여기에는 한 가지 색조만 있는 것이 아니다. 피처럼 붉은 빨간색부터 주황색을 띤 강렬한 빨간색, 보라색이 도는 빨간색에 이르기까지 다양하다. 이러한 색의 변화는 학명에 반영된다. 여러 식물의 학명에서처럼 비슷한 영단어를 생각하면 그 의미가 분명해진다. 일반적인 빨간색(ruber)은 루비(*ruby*)를 생각하면 기억하기 쉽다. Scarlet(진홍색)은 cochineal*이라는 단어와 관련이 있으며, 진한 빨강(핏빛)을 뜻하는 *sanguine* 상구이네는 잘 알려진 *Geranium sanguineum* 게라니움 상구이네움*와 같이 종소명에 *sanguineus* 상구이네우스가 들어가 있다.

flammeus 플라메우스와 igneus 이그네우스는 타오르는 빨간색 또는 '불타는' 빨간색을 나타낸다. 다른 학명들은 그리 명확하지 않아 잘 익혀둘 필요가 있다. 일부 식물은 원래의 색이 빨간색으로 변하기도 하는데, 학명에 rubescens 루베센스(빨갛게 된)나 erubescens에루베센스(빨간색으로 된)로 표기되어 있으면 이런 현상을 설명하는 것이다.*

빨간색은 열정적이고 흥분시키는 색상인 반면에, 분홍색은 부드럽고 낭만적으로 느껴진다. 다른 색깔과 마찬가지로 빨간색도 미묘한 색조 차이가 식물의 이름에 반영된다. 예를 들어 장밋빛 핑크 또는 분홍색은 학명에 roseus 로세우스로 표기된다. 마찬가지로 carnal*과 관련된 살구색(flesh pink)은 학명에 carneus 카르네우스 또는 incarnatus 인카르나투스로, 산호색은 coralloides 코랄로이데스 또는 corallinus 코랄리누스라고 표기한다.

carneus	살구색의
cinnabarinus	주홍색의
coccineus	진홍색의
corallinus	분홍색의
coralloides	분홍색의
erubescens	약간 붉은
ferrugineus	적갈색의, 녹슨 철색의
flammeus	주홍색의
igneus	주홍색의
incarnatus	연분홍색의
latericius	붉은 벽돌색의
miniatus	선홍색의
porphyreus	자주색의
puniceus	선홍색의, 석류빛의
roseus	분홍색의
rubellus	붉그스름한
rubens	붉은
ruber	붉은
rubescens	약간 붉은
rubicundus	불그레한
rubiginosus	적갈색의
rufescens	약간 적색의
rufinus	붉은
rufus	적갈색의
russatus	붉게 물든
rutilans	밝은 적색의
sanguineus	핏빛의, 주홍색의
scarlatinus	진홍색의
vinaceus	적포도주빛의
vinicolour	적포도주빛의
vinosus	적포도주빛의

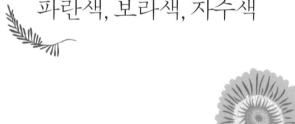

색깔

파란색, 보라색, 자주색

정원에서 파란색의 인기가 점점 높아지고 있다. 특히 노란색과 대조되는 그룹에서는 더욱 그렇다. 또한 파란색은 파스텔 색상이 섞인 낭만적 분위기에서는 청자색 및 보라색과 함께 사용되기도 한다.

색상의 대부분이 그렇듯이 파란색, 보라색, 자주색을 표현하는 라틴어 단어는 그리 많지 않을 수 있다. 그러나 관련된 색상의 다양함을 표현하기에는 충분하다.

가장 자주 사용되는 라틴어 학명은 쉽게 이해할 수 있다. *purpurea* 푸푸레아는 보라색이고, *lilacina* 릴라치나는 연보라색, *violaceus* 비올라체우스는 자주색, *azureus* 아주레우스는 하늘색이다. 파란색 계열에서는 *caeruleus* 체룰레우스(짙은 청색)*라는 학명을 가장 흔하게 볼 수 있는데, 보통 *coeruleus* 체룰레우스라고 표기한다. *Allium caeruleum* 알리움 체룰레움*, *Catananche caerulea* 카타난케 체룰레아*, *Passiflora caerulea* 파시플로라 체룰레아* 같은 식물은 모두 푸른색 계통의 꽃을 피우는 식물들이다. *cyanus* 치아누스는 파란색이나 밝은 파란색(cyan)을 뜻하는 데 흔히 쓰이기도 한다.

좀 더 연한 색감으로는 *lilacina* 릴라치나(연보라색)나 *caesius* 체시우스(라벤더 또는 짙은 청색) 등이 있다. 빨간색 톤이 더해진 보라색을 나타내는 데는 *ianthus* 이안투스(제비꽃 색의)나 *violaceus* 비올라체우스(자홍색의)가 사용될 수 있다. 빨간색을 좀 더 넣으면 보라색이 살아난다. *purpureus* 푸푸레우스는 꽃과 잎 모두에 대한 표현인데, 앞에 *atro-* 아트로*가 붙으면 진한 보라색을 뜻한다.

보통 그렇듯이 색상을 나타내는 용어 중 일부는 식물의 기관을 나타내는 접미사와 함께 사용된다. *cyaneus*치아네우스는 푸른색을 뜻하며 *cyananthus* 치아난투스는 파란 꽃을, *cyanocarpus*치아노카르푸스는 파란 열매를, *cyanophyllus* 치아노필루스는 푸른 잎을 의미한다.

amaranticolour	자주색의
amethystinus	보라색의
atropurpureus	짙은 자주색의
azureus	담청색의, 하늘색의
caerulescens	푸르스름한
caeruleus	푸른색의, 짙은 청색의
caesius	연보라색의
coerulescens	푸르스름한
coeruleus	청색의
cyaneus	짙푸른(프러시안 블루, *Prussian blue*)
ianthus	제비꽃색의
lilacinus	라일락색의
lividus	회청색의
ostruthius	자줏빛을 띤
pavonicus	짙은 청록색의(피콕 블루, *peacock blue*)
pavonius	짙은 청록색의(피콕 블루, *peacock blue*)
puniceus	선홍색의, 석류빛의
purpureus	자주색의
subcaeruleus	푸르스름한
violaceus	보라색의
violescens	약간 보랏빛의

색깔

노란색과 주황색

노란색과 주황색은 종종 가을의 색으로 여겨진다. 그러나 사실 이 색깔의 꽃들은 봄의 수선화부터 여름의 원추리, 가을의 해바라기, 가장 암울한 계절인 겨울의 육향인동(郁香忍冬)*에 이르기까지 사계절의 다양한 꽃들에게서 나타난다.

노란색에는 두 가지의 뚜렷한 특징이 있다. 붉은 계열인 주황색은 정렬적인 색과 잘 어울리고, 녹색 계열인 녹황색은 훨씬 시원해 보이며 파란색과도 잘 어울린다.

이렇게 다양한 노란색의 범위는 학명에 반영되는데, 일부는 널리 알려져 있는 듯하다. *canarius* 카나리우스는 카나리아색(canary yellow)*을 뜻하고(그러나 *canariensis* 카나리엔시스는 카나리아제도에서 자라는 식물이라는 뜻이다), *citrinus* 치트리누스는 레몬이나 감귤의 노란색을 의미한다는 것은 다 아는 사실이다. 학명에 *ochreus* 오크레우스가 들어 있으면 꽃 색깔이 황토색 특성을, *sulphureus* 술푸레우스가 들어 있으면 유황색 또는 연노란색을 나타낸다.

라틴어를 조금만 알아도 *croceus* 크로체우스가 사프란 옐로*를 나타내고 *Alstroemeria aurea* 알스트레메리아 아우레아*라는 식물에서처럼 *aureus* 아우레우스가 황금색을 뜻한다는 것을 바로 알 수 있다. 하지만 불분명한 것들도 많다. 익숙하지 않겠지만 오염된 황갈색을 뜻하는 *luridus* 루리두스, 연노란색이나 노란색을 뜻하는 *lutescens* 루테센스, 탁한 노란색*을 뜻하는 *icterinus* 이크테리누스 등이 있다.

　　주황색은 노란색 중 강렬한 색에 속하는데, *Mimulus aurantiacus* 미물루스 아우란티아쿠스*라는 식물의 학명처럼 *aurantiacus* 아루란티아쿠스*는 이런 색감을 표현하는 특별한 이름이다. 주황색 외에도 구리색을 뜻하는 *cupreus* 쿠푸레우스라는 종소명이 가끔 등장한다.

aurantiacus	오렌지색의
aureus	황금빛의
aurorius	오렌지색의
aurosus	황금빛의
canarius	선황색(鮮黃色)의
chryseus	황금색의
chrysoleucus	백황색의
citrinus	레몬 옐로(lemon yellow), 담황색의
croceus	샤프란 옐로(Saffron Yellow), 밝은 노란색의
cupreus	구릿빛의
flaveolus	누르스름한
flavescens	노래지는
flavus	밝은 노란색의
fulvus	황갈색의, 적갈색의
galbinus	녹황색의
giluus	탁한 노란색의
helvolus	연한 황갈색의
helvus	담황색의
icterinus	누런색의, 황달색의
luridus	연노란색의
luteolus	노란색의
lutescens	연노란색의, 노래지는
luteus	노란색의
ochraeus	황토색의
ochroleucus	황백색의, 담황색의
stramineus	볏짚색의
sulphureus	유황색
vitellinus	난황색(卵黃色)의
xanthinus	노란색의
xanthospilus	노란점이 있는

색깔

초록색과 갈색

초록색과 갈색의 꽃은 자주 볼 수 없지만 식물의 다른 부분에서는 흔한 색깔이다. 초록색의 꽃은 흔치 않아 항시 인기가 있고 초록색 꽃을 뜻하는 *viridiflorus* 비리디플로루스*라는 이름은 이목을 끈다.

물론 초록색은 나뭇잎을 가리키는 경우가 많다. 회양목(*Buxus* 북수스) 같은 상록수에 문자 그대로 늘 푸른이라는 뜻을 지닌 *sempervirens* 셈페르비렌스*란 종소명이 사용되는 것은 당연하다. 자주 접하게 되는 또 다른 학명으로는 *glaucus* 글라우쿠스가 있다. 예컨대 *Rosa glauca* 로자 글라우카*라는 식물의 종소명 *glauca* 글라우카는 회색빛 과분(果粉)*이나 청색이 살짝 덮힌 초록색, 즉 해록색(海綠色)*을 의미한다. 학명에는 초록색의 여러 색조를 표현하는 접두사 *vir-*로 시작하는 것들이 많다.* 영어에서 verdant(신록, 新綠)*이란 단어는 이를 상기시키는 용어이다.

갈색을 꽃 색깔과는 관련 없는 색으로 여길 수도 있지만, 루드베키아(*Rudbeckia*)*처럼 종종 주황색이 점차 갈색으로 변하는 사례를 보면 놀랍다. *ferrugineus* 페루기네우스는 녹슨 갈색 또는 적갈색을 의미한다.

디기탈리스의 일종인 *Digitalis ferruginea* 디기탈리스 페루기네아[*]와 *Rhododendron ferrugineum* 로도덴드론 페루기네움(알펜로제)[*]은 이와 관련된 학명을 가진 친숙한 식물이다. *Digitalis ferruginea* 디기탈리스 페루기네아에서는 갈색의 꽃에서, 알펜로제에서는 잎 뒷면의 갈색 점에서 학명의 유래를 찾을 수 있다. 알펜로제는 식물의 이름을 지을 때 꽃 외에 다른 부분도 유념한다는 것이 얼마나 중요한 것인가를 보여준다. 또 다른 계통의 갈색으로는 녹슨 갈색이나 또는 적갈색을 뜻하는 *rufus* 루푸스가 있다.

brunneus 브루네우스는 갈색(brown)이란 단어와 흡사하여 쉽게 알아볼 수 있다. *fuscus* 후스쿠스는 암갈색을 뜻하는 영단어 fuscous와 같은 뜻이다.

aeruginosus	녹슨 갈색
aquilus	흑갈색의
atrovirens	암녹색의
brunneus	암갈색의
chlorus	연두색의
cinnamomeus	계피색의
euchlorus	신록색의
ferrugineus	적갈색의, 녹슨 철색의
flavovirens	황록색의
fuscatus	갈색을 띠는
fuscus	갈색의, 암갈색의
glaucus	청녹색의
prasinus	선녹색(鮮綠色)의
rufus	적갈색의
sempervirens	상록의
spadiceus	밤색의
testaceus	적벽돌색의
virens	녹색의
virescens	연녹색의
viridescens	담녹색의
viridifuscus	녹갈색의
viridior	녹색의
viridis	녹색의
viridissimus	진녹색의
viridulus	녹색을 띠는

서식지

산악지대

산악지대의 식물상은 매우 독특하다. 그곳에서 자라는 대부분 식물은 척박한 환경을 최대한 활용하여, 경쟁이 거의 없거나 전혀 없는 적소에 정착하기 위해 적응하였다. 이러한 식물들은 식물학적으로도 중요할 뿐 아니라 암석원을 조성할 때 기초 정보를 제공하므로 정원에서도 의미가 크다.

식물이 산악지대와 연관되어 있다는 사실을 간단히 알 수 있는 학명은 많다. *Clematis montana* 클레마티스 몬타나라는 식물의 사례처럼 가장 명확한 것은 *montanus* 몬타누스이다. 또 다른 단어로 높은 산을 뜻하는 *alpestris* 알페스트리스*가 있다. 유사한 의미이지만 산지 경사면 아래쪽을 덮고 있는 초지(草地)도 종종 *alpinus* 알피누스*라고 한다.

일부 학명은 서식지에 대한 더한층 구체적인 정보를 우리에게 보여준다. *saxatilis* 삭사틸리스*는 암석지대를 선호하는 식물*을 나타내는 반면에 *rupicula* 루피쿨라*는 바위 사이나 자갈 경사면에 자라는 것과 관련 있다. 다수의 식물들이 설선(雪線, snow line)*을 따라 개화하는데, 이러한 식물들을 *nivalis* 니발리스*라 부른다. 추위도 식물의 학명에 반영된다. *frigidus* 프리기두스와 *algidus* 알기두스는 한랭한 서식지를 의미하며, *glacialis* 글라치알리스는 빙하나 얼음이 많은 곳을 의미한다.

산지(山地) 유형의 식물이라고 모두 산에서 자라는 것은 아니다. 많은 식물들이 산지의 암석지대를 연상시키는 건조한 돌담에 배수가 잘되는 환경을 선호한다. *muralis* 무랄리스는 벽에서 자라는 식물을, *cauticolus* 카우티콜루스는 절벽에서 발견되는 식물을 뜻한다.

많은 식물이 특정 산지에서 주로 자생하는데, 히말라야 산지에서 자라는 *Geranium himalayense* 게라니움 히말라이엔세*처럼 산지가 식물의 학명에 자주 나타난다.

algidus	추운, 산지의
alpeste	산지의
alpicolus	고산의
alpinus	고산에 서식하는
cacumenus	산꼭대기의
cauticolus	절벽의
convallaria	계곡에 서식하는
frigidus	추운 곳에 자라는
glacialis	빙설한대의
montanus	산(山)의, 산지(山地)에 사는
muralis	벽에서 자라는
nivalis	눈처럼 새하얀, 빙설대에서 자라는
oreophillus	산지를 선호하는
oresbius	산지에 서식하는
rupicula	바위 사이에 자라는
ruprifragus	바위 틈에 자라는
saxatilis	바위 위에서 자라는
scopulorum	절벽이나 암벽에 자라는
aetnensis	에트나(*Etna*) 산♦의
baldensis	발도(*Baldo*) 산♦의
carpathicus	카르파티아 산맥(*Carpathian Mountains*)♦의
emodensis♦	히말라야 산맥의
garganicus	가르가노(*Gargano*) 산♦의
himalayensis	히말라야♦의
idaeus	이다(*Ida*) 산♦의
insubricus	인수브리아(*Insurbria*)♦의
olympicus	올림푸스(*Olympus*) 산♦의
parnassicus	파르나소스(*Parnassus*) 산♦의
pyrenaicus	피레네(*Pyrenees*) 산맥의

무늬

꽃이나 잎의 색깔과 형태 및 식물 전체의 모습은 그 식물을 식별하는 데 매우 중요한 지표가 된다. 그리고 식물의 여러 부분에 나타나는 무늬 역시 식별에 도움이 될 수 있다. 무늬는 장식적 요소로서 식물에 나타나는 임의의 특징이지만 종종 기능도 갖고 있다. 예컨대 꽃의 반점은 곤충이 수분을 하는 데 가이드 역할을 할 수도 있다.

꽃을 세심하게 관찰하면서 색상이 얼룩지거나 반점 또는 줄무늬 등에 의해 미묘하게 변화하는 것을 살펴보는 것은 매우 흥미로운 일이다. 이러한 무늬들은 대부분 학명에 반영된다. 무늬는 꽃에만 나타나는 것이 아니라 대개 식물체의 여러 부분에서도 나타난다. *Iris reticulata* 이리스 레티쿨라타*라는 식물의 종소명 *reticulata* 레티쿨라타는 구근이나 땅속줄기 주변 조직이 그물 모양이라는 것을 뜻한다.

물론 학명과 관련된 부분은 주로 꽃과 잎 그리고 간혹 줄기 부분이다. 얼룩무늬를 의미하는 *variegatus* 바리에가투스는 *Elaeagnus pungens* 'Variegata' 엘레아그누스 풍겐스 '바리에가타'*처럼 특히 재배 품종명에 가장 흔히 사용되는 용어 중 하나이다. 또한 *Hieracium maculatum* 히에라치움 마쿨라툼*이라는 식물은 잎을 잠깐 보기만 해도 학명에 '얼룩진'이라는 라틴어가 표기된 이유를 금방 알 수 있다. 마찬가지로 블루벨*의 새파란 꽃을 보면 속명이 왜 *Hyacinthoides* 히아친토이데스*인지를 알 수 있다. 끝으로 학명의 뜻으로만 본다면 '더러운'이나 '불결한'이란 이름을 가진 *Eupatorium sordidum* 에우파토리움 소르디둠*은 피하는 것이 낫다.

asticus		얼룩이 없는, 완벽한
cadmicus		금속 같은
castus		얼룩이 없는, 순결한
concolour		같은 색의, 동일한
conspersus		산재한, 작은 반점이 있는
decolourans		탈색의, 얼룩진
diaphanus		반투명의, 속이 들여다보이는
dichromus		두 가지 색의
digraphis		두 가지 색으로 줄이 그어진
estriatus		줄무늬가 없는
fucatus		착색한, 물들인
grammatus		돌출된 선이 있는
illinitus		얼룩진
illustratus		그려진
inscriptus		어떤 모양이 그려진 듯한
iridescens		무지개색의, 보는 각도에 따라 색이 변하는
lentiginosus		반점이 있는, 얼룩덜룩한
lepidotus		비듬 같은, 비늘로 덮인
maculatus		얼룩진, 점무늬가 있는
marginata		가장자리가 있는, 유연(有緣)의
marmoratus		얼룩덜룩한, 대리석 모양의
mediopictus		가운데에 줄무늬가 있는
metallicus		금속성의
micans		광택이 있는
non-scrptus		드러나지 않는
notatus		점무늬가 있는
occellatus		눈[目]과 같은
pardulinus		레오파드처럼 점무늬가 있는
pallescens		색이 엷어지는
pictus		여러 빛깔로 채색된
punctatus		반점이 있는
scriptus		조각한
sordidus		지저분한, 더럽게 보이는
variegatus		얼룩덜룩한

형태

꽃의 모양

꽃 모양은 매우 다양하기 때문에 식물을 식별하는 데 확실한 정보를 제공한다. 대부분 꽃의 전체 모습을 고려하는데, 가장 흔히 볼 수 있는 사례가 종 모양(bell-shaped)이라는 뜻의 *campanulatus* 캄파눌라투스(타종법을 의미하는 campanology◆와 관련)이다. 물론 초롱꽃류의 속명이 *Campanula* 캄파눌라이지만 *Agapanthus campanulatus* 아가판투스 캄파눌라투스◆나 *Rhododendron campanulatum* 로도덴드론 캄파눌라툼◆과 같이 종소명에서도 찾아볼 수 있다. 유사한 유형의 학명으로는 둥글거나 구형이란 뜻의 *globularis* 글로불라리스와 항아리 모양이라는 뜻의 *urceolatus* 우르체올라투스가 있다.

꽃의 모양을 설명하는 가장 일반적인 사항은 학명에 표기된 겹꽃(*flore-pleno*플로레-플레노◆)에 관한 것으로, *Galanthus nivalis* 'Flore Pleno' 갈란투스 니발리스 '플로레-플레노'◆처럼 품종이나 변종의 학명에 사용된다.

어떤 경우에는 학명이 꽃의 독특한 특징을 나타낸다. 순형화(脣形花)*는 *cheilanthus* 케일란투스로 불리고(예: *Delphinium cheilanthum* 델피니움 케일란툼*), 꽃잎이 두 개로 갈라지는 꽃은 *ringens* 링겐스*로 불리기도 한다(예: *Salvia ringens* 살비아 링겐스*). 일부 종은 꽃잎의 개폐(開閉), 즉 열려 있거나(*chasmanthus* 카스만투스), 닫혀 있는(*intactus* 인탁투스) 상태로 근연종(近緣種)과 구별할 수 있다.

때때로 꽃 모양의 묘사가 꽤나 시적(詩的)일 수도 있다. *Cypripedium calceolus* 치프리페디움 칼체올루스*란 식물의 종소명은 실내화 모양의 꽃을 뜻하고, 종소명이 *tubiformis* 투비포르미스*인 식물은 꽃 모양이 트럼펫 형태이다. 꽃의 형태는 명명된 개개의 꽃들뿐 아니라 때로는 두상화(頭狀花)* 전체의 모습을 나타낸다. 예컨대 *Campanula glomerata* 캄파눌라 글로메라타*라는 식물은 꽃이 함께 모여 핀다.

acerus	거(距)*가 없는
aggregatus	모여 있는
calcaratus	거(距)가 있는, 돌기가 있는
calceolatus	슬리퍼(slipper) 모양의
campanulatus	종 모양의
chasmanthus	꽃잎이 열려 있는
cheilanthus	꽃이 입술 모양의
comosus	털로 덮인
cornutus	돌기가 있는
crucifer	십자형의, 교차한
decandrus	10개의 수술을 가진
difformis	이형(異形)의
flore-pleno	겹꽃의
globularis	구형의
glomeratus	함께 모인, 둥글게 밀집해 있는
hexandrus	6개의 수술을 가진
intactus	열리지 않은
involucratus	총포(總苞)가 있는
labiatus	입술 모양의
lophanthus	벼슬 모양의 꽃이 피는
pleniflorus	겹꽃의
plumosus	깃털 모양의
racemosus	총상화서의
radiosus	빛나는
ringens	두 갈래로 갈라져 벌어진
sculptus	조각한
scutellatus	방패 모양의
sphaerocephalus	둥근 머리의
stamineus	수술의
stellatus	별 모양의
tubiformis	트럼펫 모양의
umbellatus	산형화서의
urceolatus	항아리 모양의

형태

잎의 모양

이미 살펴본 것처럼, 식물의 이름을 짓는 가장 일반적인 방법 중 하나는 그 식물의 특징을 묘사하는 단어를 사용하는 것이다. 잎 모양은 식물을 명명할 때 가장 고려해야 할 사항 중 하나다. 그런 식물의 종소명은 접미사인 *-folius* 폴리우스, *-folia* 폴리아, *-folium* 폴리움*, *-phyllus* 필루스를 사용하여 종소명이 꽃이 아닌 잎과 연관되어 있다는 사실을 나타낸다. 따라서 *grandifolius* 그란디폴리우스*는 큰 잎을 의미하고, *pentaphyllus* 펜타필루스*는 다섯 개의 잎을 뜻한다. 한편 대부분의 종소명은 단순히 형태를 나타내는데, 이를 테면 *palmatum* 팔마툼은 잎이 손바닥을 펼친 모양(palmate)이거나 손가락이 퍼져나가는 모양을 나타낸다.

잎의 가장자리* 모양은 가장 먼저 눈에 띄는 부분이다. 둥근 모양의 잎(*rotundifolia*로툰디폴리아)이거나 얇고 선형의 잎(*linearis*리네아리스)처럼 일부는 매우 분명하다.

잎의 전체 형태보다 잎의 가장자리가 가장 두드러지며 이를 묘사하는 용어는 많다. *dentatus* 덴타투스는 잎의 가장자리가 치아 형태인 식물을 나타내며, 잎의 가장자리가 물결 모양이나 구불구불한 모습일 때는 *sinuatus* 시누아투스라는 종소명이 사용되기도 한다.

또한 잎의 맨 끝부분*과 밑부분*에서 다른 특징을 발견할 수 있다. *acuminatus* 아쿠미나투스는 잎 끝이 날카로운 것을 의미하고, *cordatus* 코르다투스는 잎의 밑부분이 심장 모양인 것을 뜻한다. 모든 잎이 단엽인 것은 아니며, 여러 잎들이 모여 있는 복엽도 있다. 예컨대 *pinnatus* 피나투스는 소엽들이 쌍으로 배열되어 있는 새의 깃 모양 잎을 의미한다.*

alternatus	호생의, 어긋나기의
bifidus	두 갈래로 갈라진, 깊게 갈라진
bifoliatus	이엽(二葉)의
blepharophyllus	톱니처럼 째진
caudatus	꼬리 모양의
chirophyllus	손 모양의
cochlearis	숟가락 모양의
conjunctus	결합된
cordatus	심장형의
crispus	말린, 오그라든
dentatus	이빨 모양의, 거치(鋸齒)가 있는
depressus	납작하게 눌린
digitalis	손가락 모양의,
diphyllus	이엽(二葉)의
ellipticus	타원형의
emarginatus	끝이 갈라진
ensatus	칼 모양의
flabellatus	부채 모양의
hastatus	창끝 모양의, 화살 모양의
imbricatus	서로 겹치는
incisus	깊게 찢어진
linearis	좁은, 선형(線形)의
mucronatus	끝이 뾰족한
nervosus	맥상(脈狀)의
nummularis	둥근
palmatus	손바닥 모양의, 부채살처럼 펼쳐진
peltatus	방패 모양의
petiolaris	잎자루의
pinnatus	깃털 모양[羽狀]의, 잎자루에 달린 소엽의
pungens	뾰족한, 톡 쏘는 듯한
rotundatus	원형의, 둥근
sessile	화경이 없는
triplinervis	삼출맥의

형태

식물의 모양

식물의 형태적 특징은 꽃과 잎에서만 볼 수 있는 것이 아니다. 당연히 식물 전체의 모양이나 줄기에서도 찾아볼 수 있다.

어떤 용어는 제법 익숙하다.[*] *Araucaria columnaris* 아라우카리아 콜룸나리스[*]는 원주형(圓柱形)이나 기둥 모양의 식물이고 *Potentilla erecta* 포텐틸라 에렉타[*]는 곧추선 식물인 것을 금방 알 수 있다. 다른 친숙한 용어인 *prostratus* 프로스트라투스는 땅에 붙어 자라는 식물을 말한다. *decumbens* 데쿰벤스는 싹이 자랄 때 똑바로 서 있는 것이 조금 다르지만 *prostratus* 프로스트라투스와 유사한 뜻을 지니고 있다. *reptans* 렙탄스는 싹이 땅으로 기는 식물을 뜻한다.

diffusus 디푸수스는 가지가 널리 퍼지는 식물을 묘사하는 반면, *compactus* 콤팍투스라는 이름의 식물은 가지가 조밀하거나 빽빽한 모습을 나타낸다. *fastigiatus* 파스티기아투스는 가지가 위로 솟으며 서로 가까이 자라는 식물을, 반대로 가지가 급하게 아래로 뻗어 자라는 식물은 *deflexus* 데플렉수스로 표기한다.

또한 줄기도 일부 식물의 명명에 중요하다. *Pinus flexilis* 피누스 플렉실리스*라는 나무의 학명은 줄기가 구부러지거나 휘어져서 붙여진 반면에, 줄기가 심하게 뒤틀리는 식물에는 *contorta* 콘토르타라는 종소명을 붙이기도 한다. 식물의 형태와 관련된 흔한 학명 중에는 가지가 각이 져 있다는 뜻의 *angularis* 앙굴라리스와 가지에 날개가 달려 있다는 뜻의 *alatus* 알라투스* 등이 있다. 로제트(rosette)*형 식물이라면 *rosularis* 로술라리스라고 부르고, 줄기가 없는 식물은 *acaulis* 아카울리스라고 한다.

acaulis	줄기가 없는
aculeatus	꺼끌꺼끌한, 가시가 있는
aculeolatus	가시가 많은
alatus	날개가 있는
angularis	각이 진
annulatus	고리 모양의
aphyllus	잎이 있는
caespitosus	무리지어 자라는
capillepes	가는 줄기(대)의
cappriolatus	덩굴손이 있는
chamae	땅을 기는
cocciferus	베리(*berry*)가 달리는
columnaris	원주형의, 기둥 모양의
constrictus	똑바로 선, 빽빽한
contortus	비틀린, 뒤틀린
decumbens	옆으로 누운, 드러누운
deflexus	아래로 휘어진
deformis	기형의, 기묘한 형태의
diffusus	널리 퍼진
erectus	똑바로 선, 꼿꼿한
fastigiatus	여러 개의 가지가 직립하여 모인
flexuosus	파도 모양[波狀]의
frutescens	관목 형태의
furcatus	포크(*fork*) 모양의
globosus	둥근, 구형의
gracilis	우아한, 가느다란
polygyrus	휘감는
prostratus	엎드린
reptans	땅으로 기는
rosularis	로제트(*rosette*)형의

서식지

삼림지대

대부분의 정원에는 어딘가 그늘이 있다. 이러한 그늘은 커다란 나무, 또는 집이나 인접한 건물의 벽 때문에 생긴 것일 수 있다. 정원 식물은 대개 햇빛을 좋아하기 때문에 음지는 항상 정원사들에게 골칫거리였다. 그러나 야생에서 음지에 자라는 식물을 신중히 선택하면 매력적인 화단의 가장자리를 조성하는 데 도움이 된다. 음지에 심을 식물을 선택할 때는 그 식물이 자생하는 삼림지대의 생육 조건을 나타내는 학명에 유의해야 한다.

가장 흔한 두 가지 학명은 *nemorsus* 네모르수스(또는 *nemoralis* 네모랄리스)와 *sylvaticus* 실바티쿠스일 것이다. 이는 간단히 삼림을 의미한다. 사람들에게 인기 있는 *Anemone nemorosa* 아네모네 네모로사*가 있고 *Geranium sylvaticum* 게라니움 실바티쿰*도 있다. 생

육 범위는 야생이나 관목지대까지 다소 확대되기도 한다. 두 식물 모두 삼림지대에서 흔히 볼 수 있는 반음지(半陰地)와 낙엽 쌓인 토양에서 잘 자란다.

일년생으로 높이 자라는 *Nicotiana sylvestris* 니코티아나 실베스트리스*라는 식물의 종소명 *sylvestris* 실베스트리스는 어원이 *sylvatica* 실바티카와 유사하며 삼림지대나 야생지에 자란다는 뜻이다. *sylvatica* 실바티카와 *sylvestris* 실베스트리스는 *Codonopsis silvestris* 코도놉시스 실베스트리스*의 사례처럼 'y'를 'i'로 표기 할 수 있다. *Helleborus dumetorum* 헬레보루스 두메토룸*이라는 식물의 종소명 *dumetorum* 두메토룸도 관목이 무성한 삼림지대를 뜻하는 용어이다.

dumetorum	잡목이 우거진 숲의
hylaeus	숲의
hylophilus	숲의
latebrosus	그늘진, 음지의
lochimius	덤불의, 잡목의
lucorus	숲의
nemoralis	숲의
silvaticus	숲의, 야생의
silvicola	숲의
sylvestris	숲의
virgultorum	덤불로 자라는

질감

정원이나 화단의 가장자리를 설계할 때 식물의 색깔과 모양을 고려하는 것은 분명 중요하다. 또 다른 주요 요소로 질감이 있지만 종종 간과되고 있다. 질감은 잎과 꽃에서 빛이 반사되는 방식에 따라, 식물이 때로는 부드러운 벨벳(velvet) 모양으로, 또는 거칠고 반짝이는 모양으로 비춰지는 데 영향을 미칠 수 있다. 질감이 식물의 학명에 반영된다는 것은 두말할 필요가 없다. *Bombycinus* 봄비치누스(비단 같은), *anuginosus* 아누기노수스(부드럽고 솜털이 있는), *ceraceus* 체라체우스(밀랍 같은)처럼 비단결 같거나 부드러운 질감을 표현하는 용어가 있는가 하면, *asper* 아스페르(거친)와 *scaber* 스카베르(거친), *coriaceus* 코리아체우스(혁질의), *ferox* 페록스(가시가 많은, 매우 꺼끌 꺼끌한)＊처럼 거친 질감을 나타내는 종소명도 있다.

줄기와 잎에 털이 많은 정도는 흔히 학명에 반영된다. *Adpressus* 아드프레수스는 옆으로 누운 털을, *ciliaris* 칠리아리스는 털로 둘러싸인, *eriophorus* 에리오포루스와 *lanatus* 라나투스는 양털 모양의 털이라는 뜻을 가지고 있다. *hirsutus* 히르수투스는 단순히 털이 많다는 의미이며, *hirsutissimus* 히르수티시무스는 털이 매우 많은, *hispidus*

히스피두스는 뻣뻣한 털이 난 식물을 뜻한다.

pubescens 푸베센스는 솜털이 있는 식물을, *barbatus* 바르바투스는 수염이 달린 식물을 뜻한다. *calvus* 칼부스는 털이 없다는 뜻이다. 털이 점점 굳어져 뻣뻣해지면 가시가 된다. *armatus* 아르마투스는 가시가 있는 또는 무장(武裝)한이라는 뜻이라는 것을 쉽게 알 수 있다. 비슷한 의미의 또 다른 용어가 *acanthus* 아칸투스이다. 털이나 가시가 없으면 매끄럽거나 반들반들한데, 이에 해당하는 종소명이 *glaber* 글라베르이다.

한편 식물을 손으로 직접 만져보는 것이 항상 유쾌하지만은 않다. *mucosus* 무코수스는 끈적이는 식물을, *viscidus* 비시두스는 점성이 있거나 달라붙는 식물을 의미한다.

adenophyllus	털이 많은 잎의
adpressus	옆으로 누운
armatus	가시가 있는, 무장한
asper	거친
barbatus	수염이 달린
bombycinus	비단 같은
ceraceus	밀랍 같은
ciliaris	털로 둘러싸인
coriaceus	혁질의
eriophorus	부드러운 털이 있는
farinosus	흰 가루 모양의
ferox	가시가 많은
fimbriatus	가장자리에 술이 달린
fulgens	광택이 나는
glaber	매끈한, 윤이 나는
glabatus	부드러워지는
glaucus	하얀 꽃의
hirsutissimus	털이 매우 많은
hirsutus	털이 있는
hispidus	꺼칠꺼칠한, 뻣뻣한 털이 있는
laevigatus	부드러운, 광이 나는
lanatus	부드러운 털이 있는
lanuginosus	부드러운 털의
lucidus	빛나는, 광택이 있는
mucosus	끈적끈적한
nitidus	윤이 나는
papyraceus	종이 같은
pilosus	긴, 부드러운 털이 있는
pubescens	솜털이 있는
rugosus	주름이 있는
scaber	거친
striatus	긴 줄이 있는, 선 모양의
tomentosus	털이 많은
viscidus	끈적거리는, 점성의

크기

식물의 한 가지 분명한 특징은 크기이다. 학명에는 당연히 이 특징이 반영된다. 관리할 곳이 작은 부지(敷地)라면 *gigantea* 기간테아(거대한, 매우 큰)라는 이름을 가진 식물은 피하는 편이 낫다. 또한 *exaltus* 엑살투스와 *excelsior* 엑셀시오르라고 불리는 식물 역시 굉장히 크다는 뜻이므로 다시 한 번 생각해보는 것이 좋다. *ponderosus* 폰데로수스는 그 이름에서 알 수 있듯이 무겁고 육중하다는 뜻이니 식물로서 그리 매력적인 것은 아니다. *magnificus* 마그니피쿠스(장대한, 커다란) 또는 *majesticus* 마예스티쿠스(웅장한)라는 학명도 접할 수 있는데, 아무튼 모든 크기는 상대적이다. 즉 한 속에 포함된 식물들 사이에서 상대적 크기를 나타내는 것이다. 따라서 *maximus* 막시무스는 가장 크다라는 뜻이지만 그 자체는 아주 작을 수도 있다. 좀 더 아래 등급인 *medium* 메디움은 굳이 설명할 필요도 없을 것이다. 그다음은 어느 정원에든 심을 수 있는 크기의 식물이다. *minor* 미노르는 식물이 작거나 최소한 어느 부위가 작은 형태를 의미하며, *nanus* 나누스는 왜성(矮性)을, *pygmaeus* 피그메우스는 당연히 난쟁이를 뜻한다. 어느 한 속(屬)에서 가장 작은 식물에는 *minutissimus* 미누티시무스라는 학명을 붙일 수 있다.

일부 학명은 단순히 크기만을 뜻하지 않고 그 이상을 의미한다. *grandis* 그란디스는 크기가 큰 것을 의미하지만, 웅장하거나 화려한 요소도 가지고 있음을 뜻한다. *tenuis* 테누이스는 얇거나 가늘다는 뜻이지만 우아하다는 뜻도 내포한다. *obesus* 오베수스는 살찐 또는 다육성을 의미하며, *macer* 마체르는 빈약하다는 뜻을 나타내고, *macellus* 마첼루스는 다소 빈약하다는 뜻인데, 이런 특성들은 그리 환영받지는 못할 것이다.

elatus	키가 큰
exaltus	키가 매우 큰
excelsior	키가 매우 큰
giganteus	거대한
grandiflorus	큰 꽃의
grandifolius	큰 잎의
grandis	화려한, 커다란, 거대한
humilis	낮게 자라는
macellus	다소 빈약한
macer	빈약한
macilentus	얇은
magnificus	장대한
magnus	커다란, 방대한, 풍부한.
majesticus	웅장한
maximus	가장 큰
medius	중간의
minimus	아주 작은
minor	작은
minutissimus	가장 작은, 극히 작은
minutus	작은
nanus	왜소한
nanellus	아주 왜소한
obesus	살찐, 다육성의
parvus	작은
parvulus	매우 작은
perpusillus	매우 작은
ponderosus	무거운, 커다란
praealtus	키가 매우 큰
procerus	키가 매우 큰
profusus ◆	다량의, 매우 풍부한
pumilus	왜소한, 작은
pusillus	매우 작은
pygmaeus	왜소한, 소형의
tenuis	얇은, 가는

방향

식물의 전반적인 모양이나 특성은 줄기나 가지가 자라는 방식에 따라 형성된다. 줄기가 반듯하게 자라는(*erectus* 에렉투스, *rectus* 렉투스)* 식물은 줄기가 늘어졌거나 매달려 있는(*pendulus* 펜둘루스) 식물과는 전혀 다르게 느껴진다. 이러한 요소들은 식물을 선택할 때 매우 중요할 수 있다. 어떤 경우에는 식물 전체의 습성이 그 식물의 이름에 영향을 미치지만, 늘어진 두상화(頭狀花)가 달려 있는 *Trillium cernuum* 트릴리움 체르누움처럼 식물의 일부 기관에만 관련되어 있을 수도 있다.

방향을 설명하는 데 사용된 라틴어 용어 중 상당수는 영단어와 유사하다. 그러므로 이들 용어가 사용되는 식물의 이름은 손쉽게 배울 수 있다. 이를 위해서는 식물의 독특한 특성을 잘 깨닫고 기억하고 있어야 한다. 일반적으로 유념해야 할 것은 세 가지 방향이다. 우선, 상향(上向)은 식물이 자라는 확실한 방향이다. 누구나 예상할 수 있듯이 *verticalis* 베르티칼리스는 수직적이거나 상향을 뜻하는 반면, *ascendens* 아센덴스는 비스듬히 위로 자란다는 뜻이다.

많은 식물들의 가지나 줄기가 옆쪽으로 자라거나 수평으로 자라는데 *horizontalis* 호리존탈리스는 이에 적합한 학명이다. 사방으로 퍼져 자란다는 뜻의 *radiatus* 라디아투스도 이해하기 쉬운 학명이다. 넓게 퍼진다는 뜻의 *patens* 파텐스와 *patulus* 파툴루스가 있는데, 이는 앞의 사례보다 알기 쉽지 않다.

외견상 좀 더 느긋하게 보이는 식물도 많다. 가지나 줄기가 아래쪽으로 휘어졌거나(*reclinatus* 레클리나투스), 땅위로 누워 있기도 하고(*decumbens* 데쿰벤스), 아래로 굽어 있거나(*declinatus* 데클리나투스), 앞에서 설명한 대로 매달려(*pendulus* 펜둘루스) 있는 식물이 그렇다. 또한 꽃과 다른 부분은 뒤쪽이나 아래쪽으로 휘어질 수 있는데, *recurvus* 레쿠르부스는 뒤쪽으로 휘어졌다는 뜻이고, *reflexus* 레플렉수스는 밖으로 굽었다는 뜻이다.

ascendens	비스듬히 오르는
assurgens	비스듬히 오르는
cernuus	앞으로 굽은, 굽은
convolutus	둘둘 말린
declinatus	아래로 굽은
decumbens	옆으로 누운, 드러누운
erectus	똑바로 선, 꼿꼿한
horizontalis	수평의
patens	넓게 퍼지는
pendulus	매달린, 축 늘어져 대롱거리는
prenans	앞으로 굽은
radiatus	방사상의
reclinatus	뒤로 휜
rectus	똑바로 선, 꼿꼿한
recurvus	뒤로 휜, 바깥으로 휜
reflexus	뒤로 휜, 뒤로 젖혀진
revolutus	밖으로 말린
scandens	기어오르는, 비스듬히 오르는
seclusus	숨겨진
supinus	뒤로 누운, 평평한
suspendus	매달린, 늘어진
tortilis	뒤틀린
tortuosus	구불구불한
verticalis	세로의
vicinus	인접한

향기와 맛

향기는 정원 식물에서 가장 도외시되는 특징 중 하나이다. 종종 생김새가 우선시되다 보니 아름다운 향기가 있어도 모양이 매력적이지 않아 간과하는 경우가 있다. 가장 관심을 끄는 것은 향기로운(*fragrans* 프라그란스) 또는 매우 향기로운(*fragrantissimus* 프라그란티시무스)이라는 이름이 붙은 식물일 것이다. 또한 *suaveolens* 수아베오렌스(달콤한 향기를 품은)라는 학명이 붙은 식물도 그만한 가치가 있을 것이다. 가장 사랑받고 있는 식물 중 하나인 스위트피(sweet pea)의 학명인 *Lathyrus odoratus* 라티루스 오도라투스에서 보듯 *odorus* 오도루스나 *odoratus* 오도라투스는 향기 있는 또는 달콤한 향기를 뜻한다.

그러나 피해야 할 것 또한 많다. 학명에 *foetidus* 페티두스가 표기되어 있으면, 냄새가 고약하거나 악취가 난다. *phu* 푸도 같은 의미를 가지고 있다. *pungens* 풍겐스(톡 쏘는 듯한, 코를 찌르는)도 마찬가지로 분명한 특성을 보여주는 학명이다. 더 심한 경우도 있는데, *hircinus* 히르치누스라는 학명을 가진 식물에서는 염소 냄새가 나니 피해야 할 것이다! 악취를 뜻하는 학명 *dysodea* 디소데아가 표기된 식물도 그보다 나을 바 없다.

요즘에는 정원에 심긴 식물이 음식이나 약재로 사용되는 경우가 그다지 많지 않다. 그러나 일부 식물에는 모든 식물이 잠재적인 먹거리나 약초였던 시대를 반영하는 학명이 남아 있다. 예를 들어 *cibarius* 치바리우스와 *edulis* 에둘리스는 둘 다 식용을 의미하고 *esculentus* 에스쿨렌투스 또한 맛이 좋다는 뜻이다. *dulcis* 둘치스라는 학명을 가진 식물은 달콤한 맛을 가지고 있다. 그러나 구토를 유발하거나(*emeticus* 에메티쿠스), 취하게 하는(*inebrians* 이네브리안스) 식물은 주의하는 것이 좋다. 학명에 *nauseosus* 나우세오수스가 들어간 식물은 냄새보다는 맛이 구역질난다는 분명한 이유가 있으니 주의하는 것이 좋다.

acetocellus	약간 신맛이 나는
acris	매운
altilis	영양분이 많은
anosmus	냄새가 나지 않는[無臭]
aromaticus	향기가 있는
causticus	시큼한
cibarius	먹을 수 있는
citrodorus	레몬향이 나는
dulcis	달콤한
dysodea	악취가 나는
edulis	먹을 수 있는
emeticus	구역질나는
esculentus	맛있는, 식용의
felosmus	악취가 나는
foetidus	냄새가 고약한, 악취가 진동하는
fragrans	향기로운
fragrantissimus	매우 향기로운
graveolens	매우 고약한 냄새가 나는
hedys	달콤한, 기분 좋은
hircinus	산양(山羊) 냄새가 나는
inebrians	알코올이 든, 취하게 하는
inodorus	냄새가 없는
insipidus	맛이 없는, 아무 맛도 나지 않는
irritans	짜증나는, 불편한
nauseosus	역겨운
odoratus	향기로운
odorus	향기로운
olidus	냄새가 고약한
phu	냄새가 고약한
pungens	톡 쏘는 듯한, 뾰족한
saccharinus	달콤한, 설탕 맛이 나는
suaveolens	달콤한 냄새가 나는
suavis	달콤한
succulentus	즙이 많은

개화기

식물은 자신들에게 이로운 기회를 최대한 활용하는 듯하다. 자연 선택을 거치면서 특정한 기간이나 심지어 특정 날짜에 꽃을 피우는 것이 잠재적인 경쟁자들보다 생존 게임에서 우위를 점할 수 있다는 사실을 깨달았던 것이다.

개화기를 확실히 반영하는 두 학명이 있는데, *annuus* 안누우스(일년생)와 *biennis* 비엔니스(이년생)가 그것이다. 반면에 *deciduus* 데치두우스는 식물이 한 계절에만 잎을 달고 있다는(즉 낙엽성) 뜻이다. 겨울에는 궂은 날씨와 꽃가루를 전해주는 곤충들이 적다는 문제가 있지만, 주변에 경쟁자가 거의 없기 때문에 식물이 번성하기에는 좋은 시절이다. 한편 종소명이 *hyemalis* 히에말리스, *hybernus* 히베르누스, *brumalis* 브루말리스인 식물은 겨울에 정원을 환한 분위기로 이끌어준다.* 봄이 되면 만물이 소생하는데, *praecox* 프레콕스는 조기개화(早期開花)하는 식물임을 알려주고, *veris* 베리스(예: *Primula veris*프리뮬라 베리스)와 *vernalis* 베르날리스는 둘 다 봄을 뜻하는 학명이다. *Convallaria majalis* 콘발라리아 마얄리스처럼 *majalis* 마얄리스(오월에 꽃이 피는)는 개화기가 오월임을 명시적으로 알려준다. 여름에는 많은 꽃들이 피다 보니, 같은 속(屬) 다른 식물들이 일찍 또는 늦게 개화할 때만 그 식물의 학명에 여름이라는 계절이 표기된다(예: *aestivalis* 에스티발리스[*]). 가을에 꽃을 피우는 식물은 주목할 것이 별로 없는데, *autumnalis* 아우툼날리스는 가장 흔히 접하게 되는 종소명이면서 가장 기억하기 쉬운 학명 중 하나이다.

단기간으로는 많은 식물들이 하루 중 꽃 피는 시간에 따라 표기되기도 한다. 저녁에 꽃이 피는(*hesperis* 헤스페리스) 식물이 있는가 하면, 야밤에 피는(*noctiflorus* 녹티플로루스) 것도 있다.

aequinoctialus	춘분 또는 추분 때의
aetivalis	여름의
annuus	일년생의
autumunalis	가을의
biennis	이년생의
brumalis	겨울에 꽃이 피는
deciduus	낙엽성의
epiteius	매년의
hesperis	저녁의
hybernalis	겨울의
hybernus	겨울의
hyemalis	겨울의
majalis	오월에 꽃이 피는
meridianus	정오의, 한낮의
meridionalis	정오의, 한낮의
noctiflorus	밤에 피는
oporinus	가을 또는 늦여름의
perennis	다년생의
pomeridianus	오후의
praecox	매우 이른
praevernus	조생의
serotinus	만생의
solstitialis	한여름의
tardus	늦은
trimestris	3개월에 성숙하는
velox	빨리 자라는
veris	봄의
vernalis	봄의
vespertinus	저녁에 꽃이 피는

서식지

노지(露地)

우리가 정원에서 재배하는 대부분 식물은 세계 각지의 개방된 환경에서 자생하는 것들이다. 이런 정원 식물은 햇빛과 비를 최대한 받아들인다. 만약에 햇빛이 충분하지 않으면 식물은 자생할 수 없다. 햇빛은 정원 식물에게도 특히 중요하다. 이런 유형의 서식지를 나타내는 학명이 여럿 있는데, 이는 정원 식물이 선호하는 환경 조건의 지침으로 사용되어야 한다.

식물의 서식지가 노지임을 알려주는 여러 표현들이 있다. *ruralis* 루랄리스 같은 몇몇 학명은 서식지가 단순히 전원지대라는 의미이지만, 다른 용어들은 훨씬 더 구체적이다. *pratensis* 프라텐시스와 *pastoralis* 파스톨라리스는 모두 목초지 또는 초원에서 자라는 식물을 의미한다. 다시 말해 이 식물은 잔디밭에서 잘 자라며 원예식물로 재배하기도 수월하다는 뜻이다. *campestre* 캄페스트레 또한 들판과 초지에서 자라는 식물임을 알려준다.

한편 *arvensis* 아르벤시스는 경작지에서 자라는 식물을 뜻한다. 이는 나지(裸地)에 심어야 한다는 뜻이므로 화단의 가장자리 주변이 적지이고, 풀밭에 심으면 대부분 죽는다. *Chrysanthemum segetum* 크리산테뭄 세게툼(영명: corn marigold)*이라는 식물의 종소명처럼 더 구체적인 사례도 있는데, *segetus* 세게투스는 옥수수 밭을 지칭한다.

노지는 대부분 건조하다. 그런 곳에서 자라는 식물에게는 정원에서도 경토(輕土)*가 적지이다. 매우 건조하다는 뜻의 *aridus* 아리두스, 모래언덕(sand dunes)을 상기시키는 *dunensis* 두넨시스, *sabulosus* 사불로수스 및 *siliceous* 실리체오수스 등의 학명은 모두 건조한 모래 땅에서 자란다는 의미이다.

aridus	건조지의
arvenis	경작지에서 자라는
campestre	평야의, 초원의
dunensis	사구(모래언덕)의
epigeios	건조지의
ericetorum	히스(*heath*)✦지역의
paganus	시골의
pastoralis	목초지에서 자라는
pratensis	초원의
pratercolus	초원의, 초지의
rudis	야생 또는 황무지의,
ruralis	시골의
sabulosus	모래땅에 자라는
segetalis, segetus	옥수수밭의
siliceous	모래땅에 자라는
solaris	양지의
trivalis	일반적인, 길가의
vialis	도로변의
xerophilus	건조지의

다른 것들과의 유사성

식물

모든 사물과 개념은 우리가 그것을 논의하고 글을 쓰기 위해 이름이 있어야 한다. 고유한 이름을 붙여주는 것이 방법일 텐데, 어느 한 특징을 쉽게 알 수 있는 이름이라면 기억하기에도 훨씬 수월하다. 이런 특징은 구분을 위해 흔히 사용되는 것일 수도 있다. 식물의 경우 더 잘 알려진 다른 식물과의 유사성을 나타내는 학명이 자주 사용되었다.

어떤 경우에는 *arboreus* 아르보레우스(나무 같은), *bryoides* 브리오이데스(이끼 같은), 또는 *gramineus*그라미네우스(풀 같은)처럼 일반적인 의미의 학명이 사용되기도 한다. 종종 잎과 관련된 학명도 있는데, 미나리아재비의 일종인 *Ranunculus gramineus* 라눙쿨루스 그라미네우스는 풀잎과 매우 흡사한 가늘고 긴 잎을 가지고 있다.

또한 다른 식물과 직접 비교되기도 한다. *Solanum jasminoides* 솔라눔 야스미노이데스*의 종소명 *jasminoides* 야스미노이데스는 재스민의 흰색 꽃을 닮아 붙여졌다. 잎도 식물 명명에 중요한 역할을 한다. *Ribes laurifolium* 리베스 라우리폴리움이라는 식물의 종소명 *laurifolium*라우리폴리움은 문자 그대로 월계수의 잎을 닮아 붙인 학명이다.

이미 살펴보았듯이 접미사 -folius 폴리우스는 잎의 유형을 나타낸다. 따라서 quercifolius 퀘르치폴리우스는 참나무류* 잎과 흡사한 잎을 의미하고, salicifolius 살리치폴리우스는 길고 좁은 잎이 버드나무 잎과 유사하다는 뜻이다.

심지어 뿌리도 비교해볼 수 있는데, napellus 나펠루스는 순무 모양이거나 잘린 뿌리 모양을 뜻한다. Rosa villosa 로사 빌로사의 옛 학명은 Rosa pomifera 로사 포미페라였는데, 사과 모양의 열매가 달렸기 때문이다.

이런 유형의 식물 학명은 식물을 재배하는 정원사에게 혼선을 줄 수 있지만, 그런 이름의 연상작용이 식물을 기억하는 데는 많은 도움을 준다.

aesculifolius	아몬드 모양의
amydalinus	아몬드 모양의
arboreus	나무 같은
arundinaceus	갈대와 비슷한
betonicifolius	베토니(*betony*)◆ 잎의
botryoides	포도 모양의
bryoides	이끼 같은
caricius	사초속(*Carex*)과 유사한
citrodorus	레몬향이 나는
dryophyllus	참나무류 잎의
ferulaceus	펜넬(*fennel*)◆ 모양의
fraxineus	물푸레나무 모양의
gramineus	풀 같은
hederaceus	송악 모양의
horminoides	샐비어(*salvia*)◆ 모양의
iodes	제비꽃 모양의
jasminoides	재스민(*jasmine*)◆ 모양의
laurifolius	월계수 잎의
liliaceus	나리의
napellus	순무 모양의
persicarius	복숭아 비슷한
pineus	소나무 모양의
pomaceus	사과 같은
primuloides	앵초속(*Primula*)과 비슷한
quercifolius	참나무류 잎과 흡사한
ramontioides	라몬다(*Ramonda*)◆와 유사한
rosmarinifolius	로즈마리(*rosemary*) 같은 잎의
salicifolius	버드나무 잎과 유사한

다른 것들과의 유사성

동물

만약 당신이 상상의 나래를 펼친다면, 식물에서 다른 것들과의 유사점을 발견할 수 있을 것이다. 식물의 주요 기관인 꽃에서 어느 한 동물이 연상되거나 호랑이나 표범에서 볼 수 있는 줄무늬나 반점 같은 특징이 떠오를 수도 있다.

이들 몇 가지 연관성에 대해 골똘히 생각할 수도 있겠지만, 이야기를 해주면 금방 알아차릴 것이다. 끝이 약간 말린 물망초(forget-me-not) 꽃은 쥐의 귀와 닮아 학명이 *Myosotis* 미오소티스*이다. *Myosurus minimus* 미오수루스 미니무스라는 식물에서 속명 *Myosurus* 미오수루스는 쥐꼬리를 뜻하며, 이 식물의 꽃은 설치류의 꼬리 부분과 완벽하게 닮아 있다(이 식물은 어린이들에게 항상 호기심을 불러일으키기 때문에 재배할 만하다). 수탉도 식물과 연관되는데 *crista-galli* 크리스타 갈리는 수탉의 벼슬을, *crus-galli* 크루스 갈리는 수탉의 며느리발톱(spur)을 뜻한다.

식물의 학명에 사자의 신체와 관련된 것도 있지만, 대부분 사자가 서식하는 지역에서 자생하는 것은 아니다. *leonotis*레오노티스는 사자의 귀, *leonurus*레오누루스는 사자의 꼬리, *leotodon*레오토돈은 사자의 이빨을 뜻한다. 그렇다고 이빨이 항상 드러나는 것은 아니다. 얼레지(Dog-tooth violet)의 학명은 *Erythronium denscanis* 에리트로니움 덴스카니스인데, 얼레지의 땅속 구근이 개의 송곳니와 매우 비슷하여 붙여진 학명이다.

이와 같은 학명 대부분이 모르는 식물을 선별할 때 그리 도움이 되지는 않지만, 학명에 *hystrix* 히스트릭스(고슴도치의)라고 표기되어 있으면 가시가 나 있을 수 있으니 주의를 기울여야 한다. *elephantum* 엘레판툼(코끼리의)이라는 학명을 가진 식물은 나중에 다 자라면 매우 클 수 있다. 충분한 공간이 마련되지 않았다면 피하는 것이 낫다. 하지만 *papilio* 파필리오*라는 식물은 그 꽃이 나비를 닮아 재배할 만하다.

apifer	벌 같은
arcturus	곰의 꼬리
buphthalmoides	황소의 눈
capreus	염소 같은
cataris	고양이의
colombius	비둘기 같은
colubrinus	뱀 같은
crista-galli	수탉의 벼슬
crus-galli	수탉의 며느리발톱
dens-canis	송곳니
elephantipes	코끼리 다리의
elephantum	코끼리의
equinus	말의
flos cuculi	뻐꾸기의
formicarius	개미 같은
hystrix	고슴도치의
leonotis	사자의 귀
leonurus	사자의 꼬리
leotodon	사자의 이빨
murinus	쥐 같은, 쥐색의
myosotis	쥐의 귀
myosurus	쥐꼬리
papilio	나비 모양의 꽃
pedicularis	이[虱]의
pes-caprae	염소의 발
porcinus	돼지의
sauro	도마뱀 모양의
tigrinus	호랑이의
vaccinus	암소의
vermiculatus	벌레의

사람

남성

사람의 이름을 따서 명명된 식물은 상상 외로 많다. 라틴어 어미로 바뀐 사람의 이름까지 포함하면 아마 더 많을 것이다. 종소명 *okellyi* 오켈리는 발음이 까다롭고 외우기도 어려운 라틴어 이름처럼 보이는데, 오켈리(O'Kelly)*라는 인물에서 유래되었다. *smithii* 스미티이*라는 학명도 있다(그러나 관련된 인물이 러시아인일 경우는 *Iris zaprjagajewii* 이리스 자프라가예위이처럼 더 어려워질 수 있다!).

예전부터 식물의 학명은 다양한 이유에서 사람들의 이름을 따서 지어졌으며 지금도 그렇다. 가장 중요한 이유로는 그 사람이 식물을 발견했거나 재배하여 처음 소개했기 때문일 것이다. 식물을 명명한 사람이 후원자나 몇몇 중요 인사, 또는 단순히 친구를 기리기 위해 붙이는 경우도 있다.

교회의 성직자들은 식물을 발견하는 데 항상 선두에 서 있었다. 그들은 식물을 직접 발견하거나 선교지역에서 식물을 채집하여 존경을 받았다.

중국에서 수많은 식물을 채집한 선교사 아르망 다비드(Armand David)*가 가장 유명하다. 여러 식물에 그의 성명(姓名)인 *davidii* 다비디이 또는 *armandii* 아르만디이가 표기되어 있다. 다른 사람들도 식물을 채집하기 위해 외국으로 나갔다. 주요 인물로는 조지프 포레스트(George Forrest)*가 대표적으로, 그의 성(姓)에서 따온 *forrestii* 포레스티이와 이름에서 따온 *georgii* 게오르기가 학명에 표기되어 있다. 또한 유명한 *Rosa banksiae* 로사 방시에의 학명에 기록된 조지프 뱅크스(Joseph Banks)*도 대표적 인물이다. 일부 원예가들은 자신의 이름을 학명에 넣기도 했는데, 가령 *Clematis jackmanii* 클레마티스 자크마니라는 식물은 영국인 양묘업자 조지 잭맨(George Jackman)*의 이름을 따서 명명되었다.

종소명에 사용된 인명(人名)을 기리기 위해 한때는 종소명을 대문자로 표기했지만 더 이상 그러지는 않는다.

armandii	선교사 아르망 다비드(l'Abbé Armand David)
banksianus	조지프 뱅크스(Joseph Banks)
banksii	조지프 뱅크스(Joseph Banks)
Cunninghamia	제임스 커닝햄(James Cunningham)◆
davidii	선교사 아르망 다비드(l'Abbé Armand David)
douglasii	데이비드 더글러스(David Douglas)◆
falconeri	휴고 팔코너(Hugo Falconer)◆
fargesii	폴 기욤 파르쥬(Paul Guillaume Farges)◆
farreri	레지날드 파러(Reginald Farrer)◆
forrestii	조지 포레스트(George Forrest)
georgii	조지 포레스트(George Forrest)
Groenlandia	요하네스 그뢴란트(Johannes Groenland)◆
halleri	한스 할리에르(Hans Hallier)◆
hodgsonii	브라이언 호튼 호지슨(B. H. Hodgson)◆
hookeri	윌리엄 잭슨 후커 경(Sir W. J. Hooker)◆,
	조지프 달튼 후커 경(Sir J. D. Hooker)◆
hugonis	휴 스캘란 신부(Father Hugh Scallan)◆
jackmanii	조지 잭맨(George Jackman)
jonesii	마커스 유진 존스(M. E. Jones)◆
kellogii	앨버트 켈로그(Albert Kellogg)◆
menziesii	아치볼드 멘지스(Archibald Menzies)◆
okellyi	오켈리(O'Kelly)
robertianus	로버트 포춘(Robert Fortune)◆
sancti-johannis	성 요한(St. John)
smithii	제임스 에드워드 스미스 경(Sir James Edward Smith)
wardii	프랭크 킹덤 워드(Frank Kingdom-Ward)◆
williamsii	윌리엄스(Williams)◆
Wisteria	캐스퍼 위스타(Caspar Wistar)◆
wrightii	로버트 라이트(Robert Wright)◆

사람

여성

여성은 남성만큼 식물의 학명에 등장하지 않는다. 식물 학명에 본인의 이름이 영원히 남아 있는 여성들은 대부분 (남성) 채집가의 부인이었거나 친구였다. 그러나 식물을 스스로 채집하고 자신의 이름을 따서 명명한 여성도 일부 있다. 뛰어난 여성 식물학자였던 율리아 므오코세비치(Julia Mlokosewitsch)*는 노란색 꽃이 아름다운 *Paeonia mlokosewitschii* 페오니아 므로코세윗스키를 발견했다. *Primula juliae* 프리물라 율리에도 그녀의 이름을 따서 명명한 것인데, 기억하기 훨씬 쉬운 학명이다!*

식물을 성(姓)이나 이름에 따라 명명하는 관습에는 남성도 함께한다. 성을 빼고 흔한 이름을 사용하여 명명할 경우, 누구의 이름으로 명명되었는지 알기 어렵다. 때에 따라서는 학명에 이름뿐 아니라 성도 함께 표기되는데, 독일 식물학 교수*의 부인이었던 유타 딘터(Jutta Dinter)를 기리기 위해 명명한 속명 *Juttadinteria* 유타딘테리아*가 그런 사례이다. 부인들은 이런 식으로 자주 기념되는데 레지날드 파러(Reginald Farrer)*는 *farreri* 파레리라는 종소명으로 본인을, *farrerae* 파레레라*는 종소명으로 자기 부인을 기념하였다.

식물학 분야와는 달리 원예학에서는 여성들도 남성들과 똑같은 역할을 해왔다. 그러나 여성들은 원예 품종에는 자신의 이름을 많이 남겼지만, 식물 학명에 자신의 이름이 명명된 경우는 극소수에 불과하다. 위대한 정원사 엘런 윌모트(Ellen Willmott)*는 여러 식물에 자신의 성에서 유래된 *willmottianus* 윌모티아누스 또는 *willmottiae* 윌모티에가 표기된 식물명 덕분에 잘 기억되고 있다. 또한 대부분의 정원사와 마찬가지로 그녀도 영국 에식스에 있는 월리 플레이스(Warley Place)* 같은 자신의 정원 이름(*warleyensis* 왈레이엔시스)으로 사람들의 기억에 남게 되었다.

물론 왕족이나 부유층 그리고 유명인사의 후원에 따라 수많은 식물들이 명명되기도 하였다. 그러한 식물 이름 중에는 빅토리아 여왕(Queen Victoria)을 기리는 *victoria* 빅토리아와 조제핀 황비(Empress Josephine)를 기념하는 *imperatricis* 임페라트리치스가 있다.

Artemisia	카리아*의 여왕(Queen of Caria)
Barbarae	성 바르바라(St. Barbara)*
danfordiae	덴포드 여사(Mrs C. G. Danford)*
ecae	애치슨 여사(Mrs E. C. Aitchison)*
ettae	에타 스테인뱅크(Etta Stainbank)
farrerae	파러 여사(Mrs Farrer)*
florindae	플로린다 톰프슨(Florinda N. Thompson)*
Helenium	헬레네(Helen of Troy)*
hilarei	성 힐레르(Sacrite Hilaire)*
hookerae	후커 부인(Lady Hooker)*
Humea	아멜리아 흄 부인(Lady Amelia Hume)*
imperatricis	조제핀 황비(Empress Joséphine)*
juliae	율리아 므오코세비치(Julia Mlokosewitsch)
julianae	율리아나 슈나이더(Juliana Schneider)*
Juttadintera	유타 딘터(Jutta Dinter)*
luciliae	루실 브와시에(Lucile Boissier)*
mlokosewitschii	율리아 므오코세비치(Julia Mlokosewitsch)
reginae-olgae	올가 여왕(Queen Olga)*
robbiae	롭 여사(Mrs Robb)*
Tecophilaea	테코필라 빌로티(Tecophila Billotti)*
victoria	빅토리아 여왕(Queen Victoria)*
willmottianus	엘런 윌모트(Ellen Willmott)
willmottiae	엘런 윌모트(Ellen Willmott)

방위

북극 가까운 극북(極北) 지역을 나타내는 종소명으로는 *hyperboreus* 히페르보레우스가 있다. 그보다 남쪽이지만 여전히 북위도 지역을 뜻하는 종소명 *borealis* 보레알리스*도 있다. 이러한 종소명이 표기된 식물들은 틀림없이 강인하다. 예를 들어 *Phlox borealis* 프록스 보레알리스는 원산지가 알래스카로 영하 45℃에서도 생존할 수 있다. 종소명이 *australis* 아우스트랄리스인 식물은 그 반대쪽인 남반구에 자생하는데, *Cordyline australis* 코르딜리네 아우스트랄리스*는 그 종소명과 달리 호주에는 자생하지 않고 뉴질랜드에만 자생한다.

가장 흔히 접하는 학명 중 하나는 동쪽을 의미하는 *orientalis* 오리엔탈리스이다. 동쪽은 단지 유럽을 중심으로 동쪽이라는 의미를 나타내는데 동지중해의 동쪽, 즉 동방(東方)을 말한다. 이 단어는 신비로움과 화려함을 떠올리게 하며, 그 이름을 지닌 많은 식물이 그럴 만한 가치가 있다.

australis	남방의
borealis	북방의
centralis	중앙의
hyperboreus	북극의
occidentalis	서방의
orientalis	동방의

장소

대륙

장소에 따라 다소 차이는 있으나 일부 식물은 그 분포 지역이 넓어 어느 한 국가를 특정할 수 없거나 심지어 어느 대륙으로도 한정지을 수 없다. 가령 *Caltha palustris* 칼타 팔루스트리스처럼 그 분포 지역이 북반구 전역에 걸쳐 있기 때문이다. 대부분의 식물들이 그보다 좁은 지역에 분포한다. 그러나 여전히 전 대륙에서 일부 지역에만 한정적으로 분포하는 식물이 있는데, 종종 학명에 그것이 반영된다. 그런데 대륙 명칭을 따서 명명된 식물이라고 전부 널리 분포하는 것은 아니다. 그 학명은 아마도 같은 속에 속한 다른 식물들이 아메리카에서 유래된 것과는 달리 아시아에서 기원한 종이라는 것을 나타낼 수도 있다.

분포 지역이 넓다고 해서 학명이 반드시 그 식물이 요구하는 생육 조건의 유형을 나타내는 것은 아니다. 예를 들어 일부 아시아의 식물은 아열대 지역에 자랄 수 있는 반면, 다른 식물은 훨씬 추운 지역에서도 자랄 수 있다. 보통 아프리카 식물들은 추위에 약하지만 그곳에도 산에서 자라는 식물들이 있고 온대 지역에서도 잘 자란다.

대체로 대륙을 의미하는 학명은 매우 분명하여 쉽게 이해할 수 있다. 종소명 *europeus* 에우로페우스는 유럽을, *asiaticus* 아시아티쿠스는 아시아를, *americanus* 아메리카누스는 아메리카를 의미한다는 것은 그리 놀랍지 않다. 그러나 아프리카는 일부 학명에서 식별이 쉽지 않다. *africanus* 아프리카누스 외에도 *Ptilostemon afer* 프틸로스테몬 아페르의 종소명 *afer* 아페르(대부분 북부아프리카를 뜻함)나 매우 아름다운 칼라 백합(*Zantedeschia aethiopica* 잔테데스키아 에티오피카)의 종소명 *aethiopica* 에티오피카도 아프리카를 의미한다. 인도와 오스트레일리아의 나머지 대륙을 뜻하는 학명은 어렵지 않지만, *australis* 아우스트랄리스는 오스트레일리아가 아닌 남쪽을 가리킨다.

aethiopicus		아프리카의
afer		(북)아프리카의
africanus		아프리카의
americanus		아메리카의
asiaticus		아시아의
australiensis		호주의
europeus		유럽의
indicus		인도의

장소

국가

식물의 이름을 짓는 것은 쉽지 않지만 그 식물종의 원산지를 안다면 수월할 수 있다. 물론 식물에는 국경이 없으며, 학명에 어느 한 국가의 이름이 표기되어 있을지라도 그 식물은 이웃 나라에서도 자주 발견된다. 일반적으로 종소명에 표기된 국가는 그 식물이 처음 발견된 국가, 또는 가장 흔히 발견되거나 전형적으로 그 식물이 자생하는 국가이다.

대개 국가명이 포함된 학명은 쉽게 알아볼 수 있다. *Italicus* 이탈리쿠스나 *germanicus* 게르마니쿠스, *hollandicus* 홀란디쿠스의 학명에서 원산지를 추정하는 것은 쉬운 일이다(*hollandicus*는 네덜란드를 뜻하기도 하지만 파푸아뉴기니 북부를 의미할 수도 있다). 예를 들어 뉴질랜드를 가리키는 학명 *novae-zelandiae* 노베젤란디에처럼 일부 학명은 라틴어로 표기되었지만 여전히 명확히 이해할 수 있다. 몇몇 학명은 다소 모호하지만 잠시 생각해보면 분명해진다. 일례로 *amicorum* 아미코룸*을 직역하면 친절한 섬(Friendly Islands)* 또는 통가(Tonga)란 뜻이다.

그러나 짐작만으로는 실수를 범하기 쉬우니 주의해야 한다. 종소명 *formosus* 포르모수스는 포모사 섬(the island of Formosa)*이나 타이완(Taiwan)을 의미하는 것이 아니라 아름답다는 뜻이다. *formosanus* 포르모사누스는 실제로 포모사(Formosa) 섬에서 유래된 학명이며, *taiwanensis* 타이와넨시스도 마찬가지이다. 접미사 *-anus* 아누스와 *-ensis* 엔시스는 그 단어가 지명에서 파생되었음을 나타내는 중요한 지표이다.

유의해야 할 또 다른 점은 일부 국가명의 철자가 다르게 표기될 수 있다는 사실이다. 예컨대 중국(China)은 *chinensis* 키넨시스 또는 *sinensis* 시넨시스로 표기되는데, *Astilbe chinensis* 아스틸베 키넨시스와 *Miscanthus sinensis* 미칸투스 시넨시스가 대표적인 사례이다.

afghanicus	아프가니스탄(Afghanistan)
amicorum	친절한 섬, 통가(Tonga)
arabicus	아라비아(Arabia)
austriacus	오스트리아(Austria)
cashmerianus	카슈미르(Kashmir)
chinensis	중국(China)
fennicus	핀란드(Finland)
gallicus	프랑스(France)
germanicus	독일(Germany)
graecus	그리스(Greece)
hellenicus	그리스(Greece)
helveticus	스위스(Switzerland)
hispanicus	스페인(Spain)
hollandicus	네덜란드(Holland, Netherland)
hungaricus	헝거리(Hungary)
islandicus	아이슬란드(Iceland)
italicus	이탈리아(Italy)
koreanus	대한민국(Korea)
lusitanicus	포르투갈(Portugal)
moldavicus	몰다비아(Moldavia)
novae-zelandiae	뉴질랜드(New Zealand)
persicus	페르시아(Persia)
scoticus	스코틀랜드(Scotland)
sinensis	중국(China)
suecicus	스웨덴(Sweden)
syriacus	시리아(Syria)
thibetianus	티베트(Tibet)
virginicus	버진제도(Virgin Islands)◆

서식지

습지

습지에 적응하여 자라는 식물들은 많다. 많은 식물이 늪지나 습한 토양에서 자라며 수중에서 번식하는 식물들도 있다. 물론 대부분의 식물은 담수(淡水)를 선호하지만, 일부 식물은 염수(鹽水) 조건에 적응하여 해안과 염분이 많은 강어귀에서 발견된다. 염수가 있는 정원은 많지 않지만 식물의 학명에는 분명 해안가의 정원에나 적당할 명칭이 있다. 몇몇 학명은 그 식물들이 연못보다는 흐르는 물을 선호한다는 것을 나타낸다.

일부 식물은 그저 '물에서(*aquaticus* 아쿠아티쿠스)' 자란다. 하지만 '수중에서(*demersus* 데메르수스, *immersus* 이메르수스, *submersus* 수브메르수스)' 자라거나 부유하는(*flutians* 플루티안스) 식물들도 있다. 정원에 연못이 있다면 관심을 가질 만하다.

물도 그 유형에 따라 다소 차이가 있다. *fluminensis* 플루미넨시스는 일반적으로 흐르는 물을 나타내지만, *fluvialis* 플루비알스는 강과 개울에서 흐르는 물을 나타낸다. 식물이 개울가나 강변에서 자라면 *riparius* 리파리우스와 *rivalis* 리발리스라는 종소명을 사용할 수 있다. 그리고 *lacustris* 라쿠스트리스는 호수나 연못에서 자라는 식물을 뜻한다. 식물이 물속에서 자라기보다는 늪지나 습지를 선호하는 경우에는 *uliginosus* 울리기노수스와 *palustris* 팔루스트리스라는 종소명이, 물에 잠긴 토양에서 자라는 식물에는 *inundatus* 이눈다투스라는 종소명이 사용된다.

바다에서도 그 생육지에 따라 다양한 학명이 있다. *marinus* 마리누스, *martimus* 마리티무스, *oceanicus* 오체아니쿠스라는 종소명은 그 식물이 바다에서 자라는 것을 나타낸다. *litoralis* 리토랄리스라는 종소명은 생육지가 해안(海岸)임을 뜻한다.

aquaticus	물속에
aquatilis	수중의
demersus	침수된, 수중의
elodes, helodes	늪지의, 습지의
epihydrus	물위에 뜨는, 수면 위의
fluitans	부유하는
fluminensis	유수의
fluvialis	강 또는 하천의
immersus	물에 빠진, 수중의
insularis	섬에서 자라는
inundatus	침수지의
irrigatus	침수지 또는 습지의
lacustris	호수 또는 연못의
limaeus	정수지(靜水地)의
limnophilus	습지의
limosus	진흙탕의
litoralis	해변의
lutarius	진흙탕의
marinus	해양의, 바다의 또는 바닷가에
maritimus	바닷가에, 해안의
mortuiflumis	사수(死水), 정수(靜水)
natans	물속을 떠다니는
nesophilus	섬에 서식하는
oceanicus	바다 근처에
orarius	해안가의
palustris	진흙땅의
peninsularis	반도의
pluvialis	비가 많은 지역의
porophilus	연석지(軟石地)의
potamophilis	물을 좋아하는
riparius	강기슭의
rivalis	개울가의, 강가의
submersus	침수된
thalassicus	바다의, 해양의
thermalis	온천의
uliginosus	습지의

장소
국가와 지역

좀 더 지역 차원에서 본다면, 식물은 원산지에 따라 그 이름이 불리기도 한다. 이는 국가나 도시 또는 지리학상의 어느 한 지역일 수도 있다. 원산지가 한 지역일 경우, 식물이 그곳에서만 자생하는 이유는 그 지역 고유의 지질학적 특성과 관련이 높다. 예를 들어 학명이 *pyrenaeus* 피레네우스나 *himalayense* 히말라이엔세처럼 피레네 산맥이나 히말라야 산맥을 나타낸다면, 그 식물은 고산식물일 가능성이 높거나 적어도 매우 강인하며 온대기후에서도 잘 자랄 것이다. 또한 고산지대의 배수가 잘되는 척박한 토양에서도 잘 적응할 것이다.

지역에서 유래한 식물의 학명이 많지만, 대부분 지역은 콘월*(Cornwall, *cornubiensis* 코르누비엔시스)처럼 비교적 작기 때문에 그곳과 관련된 학명은 한두 개 정도이다. 그러나 캘리포니아(California, *californicus* 칼리포니쿠스)같이 일부 큰 지역에서는 대규모의 식물 개체군이 자생하기 때문에 다른 나라에 비해 많지는 않더라도 수많은 식물들을 지역명에 따라 명명할 수는 있을 것이다.

지역명으로도 식물이 요구하는 생육 조건을 알 수 있다. 콘월에서 자생하는 식물은 영국에서도 잘 자랄 것이고, 캘리포니아에서 자생하는 식물은 온화한 기후를 선호하므로 겨울에는 잘 보호해주어야 한다.

식물의 학명은 항시 사람들이 생각했던 대로 표기되지는 않는다. 종소명이 *pensylvanicus* 펜실바니쿠스인 식물은 원산지가 펜실베이니아(Pennsylvania)라는 것을 의미하기에 학명이 처음 사용되었을 때 알파벳 'n'이 두 번 표기되었어야 했지만, 하나가 빠진 채 표기되어 다시 바로잡지 못했다.

adamantinus	오리건(Oregan)의 다이아몬드 호수
aleuticus	알류샨(Aleutian) 열도(列島)
antipodus	대척지(對蹠地, Antipodes)*
californicus	캘리포니아(California)
cornubiensis	콘월(Cornwall)
dalmaticus	달마티아(Dalmatia)
deodarus	인도의 디오다르(Deodar)*
dumnoniensis	데번(Devon) 주(州)
emodi, emodensis	인도 에머더스 산(Mt. Emodus)
fresnoensis	캘리포니아(California)의 프레즈노 카운티(Fresno County)
garganicus	이탈리아의 가르가노(Gargano) 산괴
georgianus	미국 조지아 주(Georgia)
georgicus	조지아(Georgia)*
himalayense	히말라야 산맥(Himalayas)
ibiricus	이베리아(Iberia)
illyricus	일리리아(Illyria)*
ioensis	아이오와(Iowa)
insubricus	스위스 남부
lazicus	라지스탄(Lazitan)*
niloticus	나일(Nile) 계곡
pensylvanicus	펜실베이니아 주(Pennsylvania)
pyrenaeus	피레네 산맥(Pyrenees)
rhaeticus	레티안 알프스(Rhaetian Alps)*
rhaponticus	흑해 지역
sudeticus	체코슬로바키아의 주데텐란트(Sudetenland)
tauricus	크림 반도(Crimea)
virginianus	버지니아 주(Virginia)
vitis-ideae	그리스의 이다 산(Mt. Ida)*

장소

도시, 마을, 정원

식물의 학명은 여러 도시와 마을에서도 유래하였다. 하지만 대부분의 도시와 마을에서는 겨우 한두 종의 식물만이 알려져 있으므로 도시나 마을 이름을 자주 접할 수는 없다. 또한 당연한 이야기이지만 소도시와 작은 마을은 대다수가 불분명하거나 심지어 일부는 현재의 지도상에 나타나지 않을 수도 있다. 아마 동네보다도 크지 않은 아주 작은 마을은 도로에서 벗어나 위치해 있기도 하고 식물 채집가들이 방금 발견한 식물을 정확히 표시하기 위해 사용할 수 있었던 주변의 유일한 판단 기준이었을 수도 있다. 한편 더 규모가 큰 도시와 마을조차도 대개 한두 종의 식물만이 그곳을 대표한다.

일례로 *stevenagensis* 스테베나겐시스(*Gentiana stevenagensis* 가 처음으로 재배된 곳인 Stevenage에서 유래)처럼, 경우에 따라서는 기존 학명이 마을 이름에 따라 변형된 것도 있다.* 그러나 요크(York)*, 엑세터(Exeter)*, 파리(Paris), 그르노블(Grenoble)* 같은 옛 도시의 경우에는 고대 로마의 명칭을 사용했다.

많은 식물들이 도시와 마을뿐만 아니라 특정 정원의 이름을 따서 명명되었다. 이는 주로 품종명(品種名)에 반영되는데, 정원의 별칭을 따서 명명한다. 예를 들어 영국의 켄트(Kent)에 있는 시싱허스트 캐슬(Sissinghurst Castle)의 유명한 정원*의 이름을 따서 명명한 *Pulmonaria officinalis* 'Sissinghurst White' 풀모나리아 오피치날리스 '시싱허스트 화이트' 같은 식물이 그렇다. 그러나 경우에 따라 정원 이름이 라틴어로 표기될 때는 종소명으로 사용된다. 종소명 *warleyensis* 와를레이엔시스는 영국 에식스(Essex)의 월리 플레이스(Warley Place)*에 있는 월모트의 정원(Miss Willmott's garden)의 이름을 딴 것이다. 종소명 *kewensis* 케웬시스는 영국의 큐 왕립식물원(Royal Botanical Gardens at Kew)에서 유래되었는데, 다른 어떤 정원보다도 식물 학명에 많은 이름을 올린 정원일 것이다. 이들 대부분은 종(種)보다는 큐 왕립식물원에서 발생한 잡종(雜種)들이다.

aleppicus	시리아 알레포(Aleppo)
bonariensis	아르헨티나 부에노스아이레스(Buenos Aires)
damascenus	시리아 다마스쿠스(Damascus)
delphicus	그리스 델피(Delphi)
divionensis	프랑스 디종(Dijon)
eboracensis	영국 요크(York)
exoniensis	영국 엑세터(Exeter)
farleynsis	바베이도스(Barbados)◆
	페리 힐 가든(Farley Hill Gardens)
genavensis	스위스 제네바(Geneva)
gratianopolitanus	프랑스 그르노블(Grenoble)
juanensis	이탈리아 제노바(Genova)
kewensis	영국 런던 큐 왕립식물원(Kew Garden)
leodensis	벨기에 리에주(Liège)
limensis	페루 리마(Lima)
lutetianus	프랑스 파리(Paris)
massiliensis	프랑스 마르세유(Marseille)
matritenensis	스페인 마드리드(Madrid)
neapolitanus	이탈리아 나폴리(Naples)
neomontanus	독일 노이베르크(Neuberg)
novi-belgae	미국 뉴욕(New York)
pruhonicus	체코슬로바키아 프루호니체(Pruhonice)
quitensis	에콰도르 키토(Quito)
sabatius	이탈리아 사보나(Savona)
stevenagensis	영국 하트포드셔(Hertfordshire)
	스티버니지(Stevenage)
tunbridgensis	영국 켄트(Kent)
	턴브리지 웰즈(Tunbridge Wells)
vindobonensis	오스트리아 빈(Vienna)
warleyensis	영국 에식스(Essex) 월리 플레이스(Warley Place)

외래명

모든 식물의 학명은 '외래어'이지만, 라틴어와 그리스어 외의 다른 언어에서 유래한 것도 있다. 이미 살펴보았듯이 학명은 대개 그 식물과 관련된 사람으로부터 유래되었으며 대부분이 외국에서 왔다. 그러나 이러한 고유명사 외에도 식물이 발견된 지역의 언어에서 파생된 종소명이 많다. 학명은 흔히 식물의 지방명(local name), 즉 향명(鄕名)이 변형되거나 라틴어화된 것이다. 그러한 학명은 전 세계에서 볼 수 있는데, 실제로 식물이 발견되는 곳이면 어디서든지 볼 수 있다.

일부 학명의 출처는 비교적 간단하다. *Grossularia* 그로술라리아 속*은 구스베리(goosberry)의 프랑스어인 그로세이(groseille)에서 유래되었다. 어떤 것들은 약간 재미있게 비틀어 이름을 짓기도 했다. 개울가를 따라 뒤엉켜 자라는 개불알풀(Brooklime, brook speedwell)*은 *Veronica beccabunga* 베로니카 베카붕가라는 재미있는 이름을 가졌다. 이 종소명은 독일어 bachbungen 바흐붕겐에서 파생되었는데 개울이 흐르는 것을 막는다는 뜻이다.

또 다른 흥미로운 종소명은 *antipyreticus* 안티피레티쿠스인데, 화재 대비나 화재 예방이라는 뜻이 있다. 이것은 *Fontinalis antipyretica* 폰티날리스 안티피레티카라는 이끼에 사용된 종소명으로 지붕에 불이 붙는 것을 막기 위해 굴뚝을 감싸는 데 사용되었다.

어떤 단어는 영어에 철저히 동화되어 현재에는 영어로 간주되고 있다. 흔히 튤립(tulip)*으로 불리는 *Tulipa* 툴리파속은 아랍어 터번(turban)에서 유래되었다. 크로커스(*Crocus*)도 비슷한 고대의 역사적 유래*를 가지고 있다.

Ailanthus	하늘 또는 천국에 닿은(말루쿠어, Moluccan◆)
antipyretica	해열(解熱)의(그리스어)
barometz	양(타타르어, Tartar◆)
beccabunga	개울의 흐름을 방해하는(독일어)
bonduc	개암나무(아랍어)
camara	아치 모양의(서인도제도어◆)
Ceterach	양치식물(아랍어)
Cicerbita	병아리콩◆(이탈리아어)
copallinus	코펄 검◆을 생산하는(멕시코 원주민어◆)
Crocus	사프란◆(셈어◆)
datura	지방명(인도어)
digitalis	골무(독일어)
Grossularia	구스베리◆(프랑스어)
landra	무(이탈리아어)
Medicago	풀(페르시아어)
Nuphar	백합(페르시아어)
Passiflora	정열의 꽃(남아메리카 선교사들이 명명한 이름)
Petunia	담배(브라질 원주민어◆)
Prunella◆	편도선염을 치료하는(독일어)
Quisqualis	누구? 무엇?(말레이어◆)
Ravenala	여행자의 나무(마다가스카르어◆)
sassafras	범의귀속(*Saxifraga*)을 뜻하는 스페인어
Tulipa◆	터번(터키어)
Urginea	알제리의 식물류
Yucca◆	카사바◆(카리브어)
zalil	델피니움◆(아프가니스탄어◆)

전통적인 학명

식물의 학명, 특히 속명(屬名)은 고대 로마와 그리스뿐 아니라 다른 고대 문명에서 연유한 것이 매우 많다. 라틴어와 그리스어를 주로 사용하는 학명 체계에서는 대다수 학명이 고대부터 사용된 이름에서 파생되었다. 식물은 음식의 원천일 뿐 아니라 약재로도 사용되었다. 또한 고대 일상에 영향을 많이 미친 신화에서도 중요한 역할을 했기 때문에 일찍이 연구의 대상이었다.

첫째로, 단순히 고대의 관련 식물에서 파생된 학명들이 많았다. 속명 *Anthyllis* 안틸리스는 식물을 뜻하는 그리스 이름에서 비롯되었고, 속명 *Mandragora* 만드라고라는 mandrake*의 그리스 이름이다. 일부 학명은 원래의 의미가 다소 변하였지만 여전히 분명한 연관성이 있다. 가령 부추속에 속하는 모든 식물의 속명 *Allium* 알리움은 라틴어로 마늘에서 파생되었다.

그러나 다른 학명은 이미 오래전에 잊힌 다른 식물에서 유래하기도 했는데, 속명 *Oenothera* 에노테라*는 그리스어로 '엉덩이 잡는 사람'으로 식물과 의미가 전혀 맞지 않는다.

둘째로, 대부분의 학명은 신들이나 신화에 등장하는 인물들과 관련되었다. 예를 들면 속명 *Paeonia* 페오니아는 플루토(Pluto)*를 치료하여 기쁘게 한 의사 파이온(Paeon)의 이름을 따서 명명되었고, 속명 *Achillea* 아킬레아는 상처를 치유하기 위해 이 식물을 사용한 그리스 영웅 아킬레우스(Achilles)*의 이름을 따서 명명되었다.

Achillea	아킬레우스의 이름에서 유래
ajacis	아이아스(Ajax)◆
Allium	마늘을 뜻하는 라틴어
Andromeda	페르세우스◆가 구해준 에티오피아 공주
Anthyllis	고대 그리스인의 이름
Cerealis◆, *Ceres*	경작의 여신
Dianthus	제우스 또는 주피터의 꽃
faba	누에콩을 뜻하는 라틴어
Helenium	트로이의 헬레네◆
Lolium	베르길리우스◆를 기리는 식물명
lychnitis	램프, 플리니우스◆가 사용했던 용어
Mandragora	맨드레이크를 뜻하는 그리스 이름
Morus	뽕나무를 뜻하는 라틴어
Narcissus	그리스 신화에 등장하는 미소년
Nicandra	니칸데르(Nicander)◆
Nyssa	물의 요정 중 하나
Oenothera	당나귀 잡는 사람, 다른 그리스 식물을 번역한 이름
Origanum	테오프라스토스◆에 의해 명명된 이름
Paeonia	꽃으로 변한 의술의 신 파이온◆의 이름에서 유래
Paliurus	가시면류관을 뜻하는 그리스어
Pandorea	판도라◆
phoenicus	페니키아 염료에서 추출한 자주색
Polemonium	폰투스◆의 왕 폴레몬의 이름에서 유래
Protea	바다의 신 프로테우스◆
Symphytum	컴프리◆를 뜻하는 그리스어

137

재배 품종명

　재배 품종명은 재배된 식물의 특정 품종에 부여된 이름이다. 일반적으로 재배 품종명은 식물들을 서로 식별하기 위한 것이 아니라 정원사가 구별할 수 있도록 하기 위한 명칭이다. 예를 들어 *Ranunculus ficaria* 라눙쿨루스 피카리아의 모든 재배 품종은 식물학적으로는 동일하다. 하지만 꽃이나 잎의 색깔이 다르므로 품종마다 고유한 이름이 있어야 정원사가 어떤 재배 품종을 말하는지 알 수 있는 것이다.

　재배 품종명은 라틴어가 아닌 다른 언어로 표시되며 작은따옴표(' ')로 표기한다. 재배 품종명은 1959년 1월 전에는 라틴어로 된 명칭을 사용할 수 있었으며, 'Albus 알부스'나 'Roseus 로세우스'처럼 색상과 관련된 명칭이 자주 사용되었다. 그러나 1959년 1월부터는 라틴어가 아닌 다른 언어로 된 명칭만이 허용되었다.

　가장 일반적인 재배 품종명의 어원 중 하나는 인명(人名)이다. 그중 일부는 재배한 사람의 이름을 따서 명명하거나 다른 누군가를 기념하기 위해 명명하기도 한다. 어떤 경우에는 식물의 판매량을 늘리기 위해 유명 인사의 이름이 사용되기도 한다!

재배 품종명의 또 다른 어원은 식물이 재배되었거나 발견되었던 도시와 마을 또는 정원이다. 일부 식물 재배자들은 재배 품종명으로 어느 한 주제를 정하는데, 가령 *Dianthus* 'London Brocade' 디안투스 '런던 브로케이드', *D.* 'London Lovely' 디안투스 '런던 러블리' *D.* 'London Poppet' 디안투스 '런던 파핏' 같은 패랭이꽃의 재배 품종명 '런던(London)'의 모든 시리즈가 그렇다. 때로는 식물의 외관에 따라 재배 품종명이 정해지기도 하는데 *Astrantia major* 'Shaggy' 아스트란티아 마요르 '쉐기'는 말 그대로 덥수룩한(shaggy) 아스트란티아 *Astrantia*의 재배 품종이다. 물론 식물과는 전혀 관계없는 명칭이 재배자의 머릿속에 떠올라 명명된 경우도 가끔 있다.

Dianthus 'Ada Wood'	디안투스 '에이더 우드'
Dianthus 'Admiral Lord Anson'	디안투스 '애드미럴 로드 앤슨'◆
Dianthus 'Alan Titchmarsh'	디안투스 '앨런 티치마시'◆
Dianthus 'Albus'	디안투스 '앨버스'◆
Dianthus 'Alfriston'	디안투스 '앨프리스턴'◆
Dianthus 'Allspice'	디안투스 '올스파이스'◆
Dianthus 'Ballerina'	디안투스 '발레리나'
Dianthus 'Beauty of Cambridge'	디안투스 '뷰티 오브 케임브리지'
Dianthus 'Beauty of Healy'	디안투스 '뷰티 오브 힐리'
Dianthus 'Belle of Bookham'	디안투스 '벨 오브 부크햄'◆
Dianthus 'Betty Buckle'	디안투스 '베티 버클'
Dianthus 'Bookham Beau'	디안투스 '부크햄 보'
Dianthus 'Bookham Fancy'	디안투스 '팬시'
Dianthus 'Bridesmaid'	디안투스 '브라이스메이드'
Dianthus 'Buckfast Abbey'	디안투스 '벅패스트 애비'◆
Dianthus 'Crosswise'	디안투스 '크로스와이즈'
Dianthus 'Dad's Choice'	디안투스 '대즈 초이스'
Dianthus 'Dad's Favorite'	디안투스 '대즈 훼이버리트'
Dianthus 'Debi's Choice'	디안투스 '데비스 초이스'
Dianthus 'Doris'	디안투스 '도리스'
Dianthus 'London Brocade'	디안투스 '런던 브로케이드'

옮긴이의 주

들어가면서
(본문 6~11쪽)

- 예컨대 영국에서 블루벨(Bluebell)이라 불리는 식물과 스코틀랜드에서의 블루벨(Bluebell)은 서로 다른 식물이다: 영국에서 흔히 '블루벨'이라 부르는 식물은 *Hyacinthoides non-scripta*로 아스파라거스과(Asparagaceae)에 속하는 풀이다. 키가 약 15~40cm에 달하며 청보라색 꽃이 핀다. 스코틀랜드에서 블루벨로 알려진 식물은 *Campanula rotundifolia*로 초롱꽃과(Campanulaceae)에 속한다. 키는 약 20~40cm에 달하며 종(鐘)모양의 보라색 꽃이 핀다. 위쪽의 잎은 긴피침형이지만 지상 가까이에 있는 아래쪽 잎은 둥근형태를 나타낸다.

- *Lotus corniculatus*: 한국에서는 서양벌노랑이(*Lotus corniculatus*)로 알려져 있는 콩과 식물로 노란색 꽃이 피며 유럽이 원산지이다.

- 향명(鄕名, common name, local name): 오래전부터 민간에서 불러온, 동식물 따위의 이름으로 동일 식물에 대해 각 지역마다 다르게 표현되기 때문에 의사소통에 문제가 된다.

- 칼 폰 린네(Carl von Linné, 1707~1778): 현대분류학의 아버지라고 불리는 스웨덴 박물학자로 웁살라대학 교수를 역임하였다. 린네는 1735년에 『자연의 체계(Systema Naturae)』, 1753년에 『식물의 종(Species Plantarum)』을 발표하여 식물의 분류체계와 식물 종에 대한 현대적 명명법을 정립하였다. 그는 식물에 대해 장황한 설명에 가까운 다명법(多名法, polynominal nomenclature)을 지양하고 속(屬)과 종(種)으로 구성된 이명법(二名法, binominal nomenclature)을 확립시켜 분류학을 집대성하였다.

- 현대적 체계의 명명법: 이명법을 말한다. 속명과 종소명으로 구성된 이명법

은 원래 스위스의 식물학자이자 바젤(Basel)대학의 해부학 교수를 역임했던 카스퍼 바우힌[카스퍼 보앵, Casper(Gaspard) Bauhin, 1560~1624]이 1623년 『식물의 극장 총람(Pinax theatri botanici)』에서 처음 제시하였다.

- 린네는 식물의 명명(命名)에 착수하기 약 20년 전에 이미 모든 식물의 상호 관계를 명확히 분류하는 체계를 고안하였다: 린네는 1735년 『자연의 체계(Systema Naturae)』라는 저서를 통해 식물의 분류 체계를 확립시켰다.

- 학명(學名, scientific name): 생물들을 표현하는 세계 공통의 학술적 이름으로 라틴어로 표기한다. 학명은 이명법(二命法, binomial nomenclature)에 따라 속명(屬名)과 종소명(種小名), 명명자로 구성되어 있는데, 명명자는 대부분 생략하기도 한다. 예컨대 사람의 학명은 *Homo sapiens*인데, *Homo*는 속명이고, *sapiens*는 종소명이다.

- *Hosta*: 백합과 비비추속을 나타내는 속명으로 오스트리아의 의사이자 식물학자인 니콜라우스 토마스 호스타(Nicholaus Thomas Hosta, 1761~1834)를 기리기 위해 붙여졌다.

- *Fuchsia*: 독일 식물학자이자 의사인 레온하르트 푹스(Leonhart Fuchs, 1501~1566)에서 유래한 이름이다. 푹스는 오토 브룬펠스(Otto Brunfels, 1488~1534)와 히에로니무스 보크(Hieronymus Bock, 1498~1554)와 함께 '식물학의 아버지'로 불린다.

- *Chrysanthemum*: 고대 그리스어 chrysós(황금의)와 ánthos(꽃)의 합성어인 chrisánthemo(황금색의 꽃이 핀)에서 유래한 이름이다.

- *Delphinium*: 꽃 모양이 마치 돌고래를 닮아 붙여진 이름이다.

- *Geranium pyrenaicum*: 쥐손이풀과(Geraniaceae) 제라늄의 일종으로 늦은 봄부터 가을까지 보라색 꽃이 핀다. 원산지는 피레네 산맥, 알프스 남부, 코카서스 산맥 등지이다.

- 피레네 산맥: 프랑스와 스페인의 국경을 이루는 산맥으로 길이 약 430km에 이르며, 해발 3,404m의 아네토 산이 최고봉이다. 프랑스어로는 피레네(Les Pyrénées), 스페인어로는 피리네오스(Los Pirineos)라고 부른다.

- *Geranium tuberosum*: 쥐손이풀과(Geraniaceae) 제라늄의 일종으로 봄에 보라색 꽃이 피고 여름에 벌써 잎이 진다. 땅속에 괴경을 가지고 있다.

- 괴경: 땅속에 있는 식물줄기가 양분을 저장하여 덩어리 형태로 된 것으로 덩이줄기라고도 한다. 감자가 대표적인 괴경(덩이줄기)이다.
- ssp.: 분류학상 종(種)의 하위 단계인 아종(亞種, subspecies)은 보통 'ssp.' 또는 'subsp.'라는 약자를 사용한다.
- *Geranium sessiliflorum ssp. novae-zelandiae*: *Geranium sessiliflorum* 또는 *Geranium sessiliflorum ssp. novae-zelandiae*라고 불리는 식물은 제라늄의 일종으로 흰색 꽃이 피며 주로 뉴질랜드와 호주의 태즈메니아 주(州)에서 자생한다.
- 변종(變種, varietas, variety): 아종(亞種)보다 하위 개념으로 종(種) 내의 여러 가지 형(型, type), 개체 또는 집단 간의 변이나 지방형(地方型)을 말한다. 라틴어 varietas의 약자인 var. 또는 v. 로 표시한다.

접두사
(본문 12~15쪽)

- *Olearia argophylla*: 호주에 자생하는 국화과 식물로 흰색 꽃이 피며, 잎의 뒷면이 은백색인 관목이다.
- *Aster macrophyllu*: 북미 대륙에 자생하는 국화과 식물로 연보라색 꽃을 피우며, 아래쪽에 달린 잎은 넓이 12cm, 길이 18cm에 달한다.
- *Cyclamen parviflorum*: 터키의 고산지대가 원산지인 다년초로 크기는 약 2~4cm에 달하며, 연보라색 꽃을 피운다.

접미사
(본문 16~19쪽)

- *Stevenage*(스티버니지): 런던에서 북쪽으로 약 40km 떨어진 인구 약 8만의 소도시.

- *macropetala*: *macro*에는 '커다란'이라는 뜻이 있고, *petala*는 꽃잎을 뜻하므로 '꽃잎이 큰' 식물을 의미한다.
- *spinosissimus*: *spino*는 라틴어 spina(가시, 刺)에서 유래한 말로, 관련어로는 *spinosissimus*(가시가 매우 많은), *spinosus*(가시가 많은), *spinuliferum*(작은 가시가 있는), *spinlosus*(가시가 조금 있는) 등이 있다.

일반적인 특성
(본문 20~23쪽)

- *vulgare*: '일반적인', '보통의', '흔한' 등의 뜻을 지닌 라틴어이다.
- *dius*: '신(神)의', '신성한', '탁월한', '천상의' 등의 뜻을 지는 라틴어이다.

색깔 - 검은색과 흰색
(본문 24~27쪽)

- 화단의 가장자리: 영국 정원의 독특한 요소인 보더(border)를 말한다. 경계화단이라고도 하며, 원래 프랑스 정형식 정원에서 유래한 것으로 화단의 경계 지역에 좁은 띠를 조성하거나 이를 이용하여 문양을 만들기도 하였다. 영국의 대표적인 정원디자이너 거트루드 지킬(Gertrude Jekyll, 1843~1932)이 이 경계형 화단을 독립적 정원 요소로 차용하여 발전시켰다. (고정희, 2018, 『100장면으로 읽는 조경의 역사』)
- *Helleborus niger*: 미나리아재비과(Ranunculaceae)의 다년초로 유럽이 원산지이다. 상록성으로 겨울에 꽃이 피어 '크리스마스로즈'라는 별칭을 가지고 있다.
- *Ceanothus griseus*: 갈매나무과(Rhamnaceae)에 속하는 상록성 관목으로 연보라색 꽃이 피며 잎 뒷면에 진주빛 회색 솜털이 나 있다. 미국 캘리포니아 특산종이다.

- *niveus*: 니베아 크림(NIVEA creme)도 같은 어원에서 유래하였다.
- *Rhododendron zaleucum*: 중국 윈난성 서부와 미얀마 북부 지역에 자생하는 철쭉의 일종이다. 상록성 관목으로 흰색의 꽃이 핀다.

색깔 – 빨간색과 분홍색
(본문 28~31쪽)

- cochineal(코치닐): 중남미의 선인장에 기생하는 곤충(*Dactylopius coccus* Costa(*Coccus cacti* L.)으로 빨간색 염료로 쓰인다.
- *Geranium sanguineum*: 쥐손이풀과에 속하는 다년생 초본으로 봄부터 가을까지 피는 꽃은 진분홍색을 띤다. 중유럽이 원산지이다.
- 학명에 *rubescens*루베센스(빨갛게 된)나 *erubescens*에루베센스(빨간색으로 된)로 표기되어 있으면 이런 현상을 설명하는 것이다: 일례로 붉은점박이광대버섯(*Amanita rubescens*)도 종소명이 *rubescens*인데, 이 버섯은 원래 연한 갈색을 띠지만 상처가 나면 그 부위가 적갈색으로 변한다.
- *carnal*: 고기를 뜻하는 라틴어 caro에서 유래한 단어로 '육욕의', '성적인', '육체의' 등이 뜻이 있다.

색깔 – 파란색, 보라색, 자주색
(본문 32~35쪽)

- *caeruleus*: 세룰리언 블루(cerulean blue)라는 색깔로 맑고 깨끗한 하늘색을 뜻한다. 하늘 또는 바다를 의미하는 라틴어 caeruleum에서 유래하였다.
- *Allium caeruleum*: 백합과(Liliaceae)의 보라색 꽃을 피우는 구근식물로 중앙아시아가 원산지이다. 한국의 두메부추(*Allium senescens*)와 생김새가 흡사하다.
- *Catananche caerulea*: 지중해가 원산지인 국화과(Asteraceae) 여러해살이 풀로

늦여름과 가을에 보라색 꽃을 피운다. 일명 '큐피트의 다트(cupid's dart)'라고
도 한다.

◆ *Passiflora caerulea*: 남미 원산의 덩굴식물로 꽃의 암술, 수술이 마치 시계의 시
침, 분침, 초침과 비슷하여 한국에서는 '시계꽃', '시계초'로 알려져 있다. 부화
관(副花冠, corona, paracorolla)이 푸른색을 띤다.

◆ *atro* -: 라틴어로 '어두운', '검정의'라는 뜻이 있어, *atropurpureus*는 짙은 자주
색(紫朱色) 또는 암자색(暗紫色)을 의미한다.

색깔 – 노란색과 주황색
(본문 36~39쪽)

◆ 욱향인동(郁香忍冬, *Lonicera fragrantissima*): 인동의 한 종류로 영명(英名)은
winter honeysuckle 또는 Chinese honeysuckle이라 하며 원산지는 중국이다. 겨울
에 재스민 향내를 내는 노란색 꽃을 피운다. 스코틀랜드 출신 식물학자인 로버
트 포춘(Robert Fortune, 1811~1880)에 의해 1845년 영국에 처음으로 소개되었다.

◆ 카나리아색(canary yellow): 카나리아제도 원산의 애완용 새인 카나리아(*Serinus
canaria*)의 노란 깃털에서 유래한 색으로 흔히 선황색(鮮黃色)이라 한다.

◆ 사프란 옐로(saffron yellow): 밝은 노란색을 뜻한다. 원래 붓꽃과 여러해살이풀
인 사프란(*Crocus savitus*)에서 유래한 말로 꽃의 암술대를 말려 약용 및 염료용
으로 쓰인다. 사프란을 물에 풀면 노란색이 되는데, 특히 아랍과 인도 요리에
많이 사용된다.

◆ *Alstroemeria aurea*: 알스트레메리아과(Alstroemeriaceae)에 속하는 다년초로 중
남미가 원산지이다. *Alstroemeria aurea*는 여름에 황금색 꽃을 피운다.

◆ 탁한 노란색: 원문에는 황달(黃疸, jaundice, Ikterus)색으로 표기되어 있다.

◆ *Mimulus aurantiacus*: 파리풀과(Phrymaceae)의 다년초로 북미 원산이다. 오렌
지색 꽃을 피우며 원주민들은 근육통, 화상치료 등에 이 식물을 이용하였다.
최근 *Diplacus aurantiacus*라는 학명을 사용하고 있다.

♦ *aurantiacus*: 황금빛의 등색(橙色, orange color)을 의미하는 종소명으로, 등색은 등자나무(*Citrus auranticum*) 열매의 색으로 울금색(鬱金色)이라고도 한다.

색깔 – 초록색과 갈색
(본문 40~43쪽)

♦ *viridiflorus*: viridis(초록색의)와 floris(꽃)의 합성어이다. *viridiflorus*가 종소명에 표기된 식물로는 *Echinocereus viridiflorus*가 있다. 약 10cm 정도 크기의 선인장으로 연녹색 꽃이 피는 *Echinocereus viridiflorus*는 미국의 와이오밍, 콜로라도, 텍사스 등지와 멕시코가 자생지이다.

♦ *sempervirens*: 상시(常時), 항상(恒常)을 뜻하는 접두사 semper-와 초록색을 뜻하는 virens의 합성어로 상록성을 의미한다.

♦ *Rosa glauca*: 장미과(Rosaceae)의 낙엽관목으로 유럽이 원산지이다. 잎은 청회색이며 보라색 꽃이 핀다.

♦ 과분(菓粉, waxy bloom): 포도, 자두 블루베리 등의 과일 표면에 부착된 백색 가루.

♦ 해록색(海綠色, sea green): 푸르스름한 녹색. 청록색이라고도 한다.

♦ 학명에는 초록색의 여러 색조를 표현하는 접두사 *vir*-로 시작하는 것들이 많다: *virens*(녹색의), *virescens*(연녹색의), *viridescens*(담녹색의), *viridulus*(옅은 녹색의), *viridissima*(진녹색의) 등의 사례가 있다.

♦ *verdant*: 신록(新綠)이란 뜻을 지닌 영어 verdant는 라틴어 vireo(푸르러지다. 푸르르다)에서 유래하였다.

♦ 루드베키아(*Rudbeckia hirta* L.): 북아메리카가 원산인 국화과 식물. 늦여름에 황금색의 꽃이 피는데, 꽃의 가운데 부분이 암갈색으로 변한다. 최근 한국에서 원예종으로 각광을 받고 있다.

♦ *Digitalis ferruginea*: 현삼과(Scrophulariaceae)에 속하는 식물로 동유럽과 터키가 원산지이다. 여름에 고깔 모양의 갈색 꽃이 핀다. 영국 왕립원예협회(RHS,

Royal Horticultural Society)로부터 가든메리트상(AGM, Award of Garden Merit)을 수상하기도 했다.

◆ 알펜로제(alpenrose, *Rhododendron ferrugineum*): '알프스의 장미'라고도 불리는 진달래과의 상록 관목으로, 잎의 뒷면에 녹슨 갈색의 점이 많다. 원산지는 알프스, 피레네 산맥, 아펜니노 산맥 등지이다.

서식지 - 산악지대
(본문 44~47쪽)

◆ 서식지(habitat): 생물이 사는 장소. 흔히 서식지(棲息地)라고 부르지만, 서식 공간이 바다, 강 등 수환경(水環境)도 포함되므로 서식지(地)가 아닌 '서식처(處)'가 바람직하다는 견해도 있다.

◆ *alpestris*: 아고산(亞高山)의.

◆ *alpinus*(*alpina*, *alpinu*): 고산(高山)에 서식하는.

◆ *saxatilis*: 바위 위에서 자라는, 바위 틈 속에서 자라는.

◆ 암석지대를 선호하는 식물: *saxatilis*가 종소명에 표기된 대표적 식물은 *Aurinia saxatilis*이다. 바위냉이라고도 불리는 이 식물은 관상식물로 각광을 받고 있다. 원래 고산지대의 바위지역에서 자라기 때문에 암석원, 건조지 등지의 식재에 애용된다.

◆ *rupicula*(*rupicola*): 바위 사이에서 자라는.

◆ 설선(雪線, snow line): 고산지대에서 눈이 녹지 않는 하한선(下限線). 설선보다 아래쪽 눈은 여름철에 모두 녹으며, 그 위는 만년설이다. 유럽에서는 대략 해발 2,400~3,000m에 위치한다.

◆ *nivalis*: 라틴어 nix(눈, 雪)에서 유래한 단어로, 눈이 많은, 추운, 눈 속에서 자라는 등의 뜻이 있다.

◆ *Geranium himalayense*: 티베트, 네팔, 파키스탄 등지의 히말라야에서 해발 3,700~4,400m 사이에 주로 자생하는 다년초로 보라색 꽃이 핀다. 히말라야

제라늄(Himalayan crane's-bill)이라고도 부른다.

◆ 에트나 산(Mt. Etna): 이탈리아 시칠리아섬의 동쪽 해안에 있는 해발 3,323m
의 활화산.

◆ 발도 산(Mt. Baldo): 알프스 산맥의 일부로 이탈리아 트렌토와 베로나 지방에
위치한 산. 가장 높은 봉우리는 해발 2,218m인 치마 발드리타(Cima Valdritta)
이다.

◆ 카르파티아 산맥(Carpathian Mountains): 동부 유럽(우크라이나 · 루마니아 · 폴란
드 · 체코 · 슬로바키아 · 헝가리)에 걸친 산맥으로 평균 해발고도 1,000m이다. 최
고봉은 북부 타트라 산지의 게를라호프스키(Gerlachovský) 산으로 해발 2,655m
에 달한다.

◆ emodensis: 고대 그리스어로 히말라야 산맥(Himalaya Mountains)을 뜻하는 표
현으로 'Hemodus'라고도 표기한다.

◆ 가르가노 산(Mt. Gargano): 이탈리아 남동부 가르가노 반도에 위치한 산. 가장
높은 봉은 몬테칼보(Monte Calvo)로 해발 1,056m이다.

◆ 히말라야(Himalayas, Himalaya Mountains): 세계의 지붕이라 일컫는 히말라야는
인도 북쪽에서 중앙아시아 고원 남쪽을 동서로 길게 연결하는 만년설의 산맥
이다. 세계 최고봉을 자랑하는 에베레스트 산(해발 8,848m)이 네팔과 중국 국
경 사이에 위치해 있다.

◆ 이다 산(Mt. Ida): 터키 북서부에 위치한 산으로 가르가루스봉(1,767m)이 최고
봉이다.

◆ 인수브리아(Insurbria): 스위스 남중부 지방.

◆ 올림푸스 산(Mt. Olympus): 그리스에서 가장 높은 산으로 최고봉은 미키타스
봉으로 해발 2,919m이다.

◆ 파르나소스 산(Mt. Parnassus): 그리스 중부 포키스 지방에 있는 해발 2,457m
의 산.

무늬
(본문 48~51쪽)

- *Iris reticulata*: 붓꽃과에 속하며, 캅카스 산맥, 터키나 이란의 산악지에 자라는 내한성이 큰 다년초로 키가 약 15cm에 달한다. 미니 붓꽃 또는 미니 아이리스라고도 하며 뿌리 주변의 껍질이 그물 모양인 것이 특징이다.

- *Elaeagnus pungens* 'Variegata': 풍겐스보리장나무(*Elaeagnus pungens*)의 품종으로 '무늬 풍겐스보리장나무'라고도 한다. 잎의 가장자리에 띠 같은 하얀색 줄무늬가 있다.

- *Hieracium maculatum*: 점박이조밥나물이라고도 불린다. 국화과의 다년초로서 유럽이 원산지이다. 노란색의 꽃을 피우며, 조밥나물과 흡사하지만 잎에 얼룩 무늬가 있다. 원문에는 속명이 '*Hieraceum*'으로 표기되어 있으나, 옮긴이의 확인 결과, *Hieracium*이 바른 표기이므로 수정하였다.

- 블루벨: 스킬라(scilla)라고도 하며, 영국에서는 흔히 '블루벨(bluebell, 또는 common bluebell)'이라 부른다. 학명은 *Hyacinthoides non-scripta*로 아스파라거스과(Asparagaceae)에 속하는 풀이다. 키가 약 15~40cm에 달하며 청보라색의 꽃이 핀다. 예전에는 백합과(Liliaceae)로 분류되었다.

- *Hyacinthoides*: 아스파라거스과 '히아신스(hyacinth)와 비슷한 색의 꽃이 피는' 이라는 뜻이다. 원래 히아신스꽃은 청자색이지만 여러 색깔이 있다.

- *Eupatorium sordidum*: 보라색 꽃을 피우는 상록성 관목으로 원래 멕시코 열대 우림의 고유종이다. 종소명인 *sordidum*은 라틴어 sordidus(더러운, 불결한)에서 유래한 용어이다.

형태 – 꽃의 모양
(본문 52~55쪽)

- campanology: 종학(鐘學)이라고 한다. 종(鐘) 제작, 조율, 종의 역사, 종치기 방

법 등을 연구하는 분야이다.

- *Agapanthus campanulatus*: 백합과 아가판투스(*Agapanthus*)속의 일종으로 아프리카 원산이다. 꽃은 트럼펫 형태나 긴 종 모양을 하고 있으며, 연보라색 꽃이 핀다.

- *Rhododendron campanulatum*: 진달래과(Ericaceae)에 속하는 상록관목으로 히말라야 산지 숲속이 원산지이다. 연한 분홍색 꽃이 5~6월에 핀다.

- *flore-pleno*: '겹꽃의(double-flowered)'라는 뜻으로, 원래의 의미는 '꽃으로 가득 찬(with full flower)'이라는 라틴어에서 유래하였다.

- *Galanthus nivalis* 'Flore Pleno': 설강화(snowdrop, *Galanthus nivalis*)의 품종으로 흰색의 겹꽃이 핀다. 설강화는 유럽이 원산지이며 특히 북유럽의 정원에서 많이 심는 종이다.

- 순형화: 꽃의 모양이 입술과 비슷하여 붙여진 명칭인데, 두 손을 모은 듯한 모습을 띠기도 한다. 꿀풀과, 파리풀과, 현호색과 등에 속하는 식물에서 자주 볼 수 있다.

- *Delphinium cheilanthum*: 몽골이나 러시아의 해발 700~800m 초원에 서식하는 풀로 입술 모양의 보라색 꽃이 핀다.

- *ringens*: '두 갈래로 갈라져 벌어진', '개구형(開口形)의'이란 뜻이다.

- *Salvia ringens*: 꿀풀과(Labiatae)에 속하는 다년초로 발칸반도 동부 지역이 자생지이다.

- *Cypripedium calceolus*: 영어 명칭은 'a lady's-slipper orchid'이고, 한국에서는 노란복주머니란이라고 부른다. 한국을 포함한 북반구에 널리 분포하는 다년초로 난초과(Orchidaceae)에 속한다. 꽃 모양이 주머니나 신발 형태를 띤다.

- *tubiformis*: 관형(管形), 대롱 모양의 꽃이라는 뜻이다.

- 두상화(頭狀花): 국화나 민들레 또는 해바라기처럼 꽃대 끝에 꽃자루가 없는 작은 꽃들이 많이 모여 머리 모양을 이룬 꽃을 말한다.

- *Campanula glomerata*: 초롱꽃과(Campanulaceae)에 속하는 다년초로 보라색 꽃이 두상(頭狀)으로 모여 핀다. 종소명 *glomerata*는 '줄기 끝에 꽃들이 모여 피는'이라는 뜻이다. 북반구에 널리 퍼져 있는 식물로 영국 중부지방의 러틀랜드주(州)의 주화(州花)이다.

◆ 거(距, spur): 봉숭아꽃이나 물봉선 종류의 꽃잎 뒤에 닭의 며느리발톱처럼 뒤로 말린 꼬리 모양 돌기.

형태 - 잎의 모양
(본문 56~59쪽)

◆ *-folius, -folia, -folium*: 모두 잎을 뜻하는 라틴어 'folium'에서 파생되었다. 꽃을 뜻하는 라틴어 'flos', 'floris'와 혼동하기 쉽다.
◆ *grandifolius*: '크다'는 뜻의 grande와 '잎'을 뜻하는 folius가 합쳐진 합성어.
◆ *pentaphyllus*: '다섯'이라는 penta와 '잎'을 뜻하는 phyllus가 합쳐진 합성어.
◆ 잎의 가장자리: 엽연(葉緣, leaf margin)이라고도 한다.
◆ 잎의 맨 끝부분: 잎끝 또는 엽단(葉端, leaf apex)이라고도 한다.
◆ 잎의 밑부분: 엽저(葉底, leaf base)라고도 한다.
◆ 소엽들이 쌍으로 배열되어 있는 새의 깃 모양 잎을 의미한다: 우상복엽(羽狀複葉, pinnate compound leaf)이라고 한다.

형태 - 식물의 모양
(본문 60~63쪽)

◆ 어떤 용어는 꽤나 익숙하다: 학명에 표기된 용어들이 영어와 유사하여 쉽게 이해할 수 있는 단어들이 있다. 예컨대 종소명 *erecta*는 라틴어로 '직립한', '똑바로 선'이라는 뜻이고, 영어로는 erect이다. 마찬가지로 라틴어 종소명 *columnaris*(원주형의)는 영어로 columnar, 라틴어 *prostratus*(엎드린)는 영어로 prostrate, 라틴어 *decumbens*(땅위로 뻗은)는 영어로 decumbent 등과 같이 철자와 의미가 유사하여 영어권 사람들에게는 친숙한 학명이다.
◆ *Araucaria columnaris*: 남양삼나무과(Araucariaceae)에 속하는 상록침엽수로 수

형(樹形)이 원주형(圓柱形)이다. 수고가 약 60m에 달하며, 호주와 뉴질랜드 사이에 있는 남태평양의 열대섬 뉴칼레도니아(New Caledonia)의 특산종이다.

◆ *Potentilla erecta*: 장미과(Rosaceae) 양지꽃속에 속하는 다년초로 줄기가 곧추선다. 노란 꽃을 피우며 온대 및 한대 지방에 널리 분포한다. 뿌리는 염증 치료에 사용된다.

◆ *Pinus flexilis*: 북미 서부 산악지역에 자생하는 상록침엽수로 가지가 쉽게 휘어진다.

◆ *alatus*: 우리나라 정원에 자주 심는 화살나무(*Euonymus alatus*)에서도 찾을 수 있는 종소명이다. 화살나무의 가지에는 날개가 달려 있으며, 그것이 화살나무라는 이름이 붙여진 이유이기도 하다. 화살나무의 영명은 'winged spindle'이다.

◆ 로제트(rosette): 짧은 줄기 끝에서 잎들이 땅에 붙어 사방으로 퍼져 자라는 형태.

서식지 - 삼림지대
(본문 64~67쪽)

◆ *Anemone nemorosa*: 바람꽃의 일종으로 유럽 전역에 퍼져 있다. 산지의 낙엽활엽수림지대에서 흔히 볼 수 있으며, 해발 약 2,000m까지 분포한다. 정원에 심을 때는 나무 그늘 아래가 알맞고, 양분이 많은 토양을 선호한다.

◆ *Geranium sylvaticum*: 아고산대의 삼림지대에 주로 자라며 해발 약 2,300m까지 분포한다. 정원에 심을 때는 반그늘에 심는 것이 좋다. 영국 왕립원예협회에서 가든메리트상(AGM, Award of Garden Merit)을 받았다.

◆ *Nicotiana sylvestris*: 가지과(Solanaceae) 담배속(*Nicotiana*)에 속하는 일년생 또는 다년생 초본으로 높이 약 1.5m까지 자란다. 남미가 원산지로 영명(英名)으로는 woodland tobacco라고도 한다. 담배(*Nicotiana tabacum*)의 원종(原種, original seed) 중 하나로 추정한다. 흰색의 긴 트럼펫 모양을 한 꽃은 향기가 좋아 정원에 자주 심는 식물이며, 영국 왕립원예협회에서 가든메리트상을 받았다.

◆ *Codonopsis silvestris*: 초롱꽃과(Campanulaceae)에 속하는 다년초로 아시아가

원산지이다. 덩굴성 줄기는 2m까지 자란다. 보통 만삼(蔓蔘)이라고 부르며,
뿌리를 당삼(黨蔘)이라 하는데, 강장작용이 있어 한약재로 쓰인다.

◆ *Helleborus dumetorum*: 미나리아재비과(Ranunculaceae)에 속하는 다년초로 동
유럽 지역이 원산지이다. 녹색의 꽃이 피며, 반음지 또는 음지의 습한 토양을
선호하여 정원에서는 보통 낙엽활엽수 아래에 식재한다.

질감
(본문 68~71쪽)

◆ *ferox*: 한국의 경상남도 창녕 우포늪의 대표적 수생식물인 가시연꽃의 학명이
*Euyale ferox*이다.

크기
(본문 72~75쪽)

◆ *profusus*: '다량의', '매우 풍부한' 외에도 '옆으로 누운', '땅으로 기는'이라는
뜻도 있다.

방향
(본문 76~79쪽)

◆ *erectus, rectus*: 일례로 우리나라에서 자라는 소나무(*Pinus densiflora*) 중에 태백
산맥을 중심으로 줄기가 곧고 반듯하게 자라는 소나무를 '금강소나무'라고
하는데, 학명(*Pinus densiflora* f. *ereta*)에 이런 특징이 표현되어 있다.

개화기
(본문 84~87쪽)

- 종소명이 *hyemalis*히에말리스, *hybernus*히베르누스, *brumalis*브루말리스인 식물은 겨울에 정원을 환한 분위기로 이끌어준다: 이 종소명을 가진 식물들은 꽃이 거의 없는 늦겨울에 꽃이 피기 때문에 정원을 밝게 해준다는 의미이다. 너도바람꽃의 한 종류로 늦겨울에 노란색 꽃을 피우는 *Eranthis hyemalis*가 대표적 사례이다.
- *aestivalis*: 여름의. 유럽에 자생하는 *Adonis aestivalis*가 대표적 사례로 한여름에 붉은색의 꽃을 피우며 영명은 summer adonis이다.

서식지 - 노지(露地)
(본문 88~91쪽)

- *Chrysanthemum segetum*: 노란색 꽃이 피는 다년초로 *Glebionis segetum*이라고도 표기한다. 중유럽의 남서부 지역에 주로 분포하며 경작지 주변을 선호한다.
- 경토(輕土): 점토 성분이 거의 없고 모래와 미사로 이루어진 토양으로 경작이 수월하지만 쉽게 건조된다.
- 히스(*heath*): 진달래과(Ericaceae)의 키 작은 상록관목으로 Erica 종류나 *Calluna vulgaris* 등을 말한다. 방목, 산불 등의 인위적으로 훼손된 척박한 땅에 주로 나타나며 중유럽이나 북유럽에 널리 퍼져 있다.

다른 것들과의 유사성 - 식물
(본문 92~95쪽)

- *Solanum jasminoides*: 남미 원산의 덩굴식물로 꽃이 아름다워 자주 식재한다.

흰색 꽃이 마치 재스민 꽃을 닮아 붙여진 이름이다.

◆ 참나무류(Quercus): 우리가 흔히 상수리나무, 졸참나무, 굴참나무, 갈참나무, 떡갈나무, 신갈나무 등을 통칭하여 참나무라고 부르지만, 식물학적 표현으로는 '참나무류'라고 해야 옳다. 유럽의 대표적인 참나무류로는 로부르참나무(Quercus robur), 페트레아참나무(Quercus petraea), 세리스참나무(Quercus cerris), 푸베센스참나무(Quercus pubescens), 일렉스참나무(Quercus ilex) 등이 있으며 형태적, 생태적 특징 등은 한국의 참나무류와 대부분 유사하다.

◆ 베토니(betony): 꿀풀과의 여러해살이 풀로 학명은 Stachys officinalis이다. 잎은 가장자리가 톱니 모양이며 자줏빛 꽃이 핀다. 유럽이 원산지인 허브의 일종으로 두통에 효과가 있다고 한다.

◆ 펜넬(fennel, Foeniculum vulgare): 유럽이 원산지인 대표적인 허브로 가는 잎이 3~4회 우상으로 갈라지며, 여름에 노란색 꽃이 핀다. 주로 잎과 씨를 사용하며 생선의 비린내나 육류의 누린내를 잡아주고 소화에 도움을 준다. 회향(茴香)이라고도 부른다.

◆ 샐비어(Salvia): 꿀풀과 샐비어속 종들로 세이지, 사르비아, 깨꽃 등으로도 불린다. 클라리세이지(Salvia sclarea), 사르비아(Salvia splendens), 세이지(Salvia officinalis), 페인티드세이지(Salvia viridis), 프라텐시스샐비어(Salvia pratensis) 등이 대표적이다. 대부분 강장과 소화촉진 작용을 하는 허브들이다.

◆ 재스민(jasmin, Jasminum sp.): 흔히 재스민속(Jasminum)에 속하는 식물의 총칭으로 사용된다. 대부분 열대 또는 아열대 지방에 자생하며, 잎은 상록성이나 낙엽성으로 관목이나 덩굴식물이다. 전 세계적으로 약 200종 이상 알려져 있으며, 백색 또는 황색의 꽃이 핀다. 꽃 향기가 좋아 원예식물과 차 또는 향수나 아로마 오일 등의 원료로 사용된다.

◆ 라몬다(Ramonda): 피레네 산맥과 남동부 유럽에 자생하는 상록성 초본이다. 주로 바위틈 응달에 서식하며, Ramonda myconi(=R. pyrenaica), Ramonda nathaliae, Ramonda serbica 등이 대표적이다. 라몬다(Ramonda)라는 이름은 피레네 산맥을 처음으로 탐험한 프랑스의 탐험가이자 식물학자 루이 라몽드 카보니에(Louis Ramond de Carbonnières, 1755~1827)의 이름에서 유래했다고 한다.

다른 것들과의 유사성 – 동물
(본문 96~99쪽)

◆ *Myosotis*: 그리스어 myos(생쥐)와 otis(귀)의 합성어로 물망초의 잎이 생쥐의 귀를 닮아 붙여진 학명이다.

◆ *papilio*: 난의 일종으로 남미가 원산지이다. 긴 꽃자루 끝에 나비 모양의 꽃이 핀다.

사람 – 남성
(본문 100~103쪽)

◆ 오켈리(O'Kelly): 19세기 말 종묘사업으로 유명했던 아일랜드의 서부 항구도시 발리본(Ballyvaughan)에서 아마추어 식물학자로 활동하였던 Patrick B. O'Kelly(?~1937)로 추정된다.

◆ *smithii*: 제임스 에드워드 스미스 경(Sir James Edward Smith, 1759~1828)의 이름에서 유래된 학명이다. 스미스 경은 영국의 식물학자로 조지프 뱅크스(Joseph Banks)의 친구이기도 하였다. 1788년 런던의 린네학회(Linnean Society of London)를 설립하여 초대회장으로 활동하였다.

◆ 아르망 다비드(Armand David, 1826~1900): 프랑스 출신의 신부로 동물학자이자 식물학자이다. 중국에서 많은 활동을 하였다.

◆ 조지 포레스트(George Forrest, 1873~1932): 스코트랜드 출신의 식물학자이자 식물채집가. 특히 중국과 히말라야 식물을 채집하였다.

◆ 조지프 뱅크스 경(Sir. Joseph Banks, 1743~1820): 영국의 자연과학자이자 식물학자. 제임스 쿡 선장의 항해에도 참여하였고 런던의 큐 왕립식물원을 체계적으로 발전시켰다. 전 세계에 식물학자를 파견하여 큐가든이 세계적인 명성을 얻는 데 주요한 역할을 하였다.

◆ 조지 잭맨(George Jackman, 1837~1887): 영국의 원예학자. 대규모 묘목장을

운영했으며, 으아리속(Clematis)의 잡종 교배를 실시하여, 1862년 재배품종 *Clematis* 'Jackmanii'(클레마티스 '자크마니')를 선보였다.

◆ 제임스 커닝햄(James Cunningham, 1698~1705): 스코틀랜드 출신 의사이자 식물학자로 중국과 동남아시아에서 활동했다.

◆ 데이비드 더글러스(David Douglas, 1799~1834): 스코틀랜드 식물학자로 북미, 하와이 등을 탐험했다.

◆ 휴고 팔코너(Hugo Falconer, 1808~1865): 스코틀랜드 출신의 고생물학자, 식물학자, 지리학자로 인도에서 오랫동안 조사 및 연구를 수행하였다. 찰스 다윈과도 교류가 깊었으며 영국 큐가든의 도서관에 그의 저술과 400여 점의 식물 그림이 소장되어 있다.

◆ 폴 기욤 파르쥬(Paul Guillaume Farges, 1844~1912): 프랑스 신부이자 식물학자. 중국에서 오랫동안 활동하면서 수많은 식물들을 채집하였다.

◆ 레지날드 파러(Reginald Farrer, 1880~1920): 영국의 작가이자 화가. 일본, 한국, 중국 등지를 여행하면서 수많은 식물을 채집하였다.

◆ 요하네스 그뢴란트(Johannes Groenland, 1824~1891): 독일 출신의 식물학자이자 현미경 전문가. 20여 년을 프랑스 파리에서 살면서 식물 연구 및 현미경 사업을 하였다.

◆ 한스 할리에르(Hans Hallier, 1868~1932): 독일의 식물학자로 Johannes (Hans) Gottfried Hallier라고도 불린다. 인도와 동남아시아 등지를 탐험하였으며, 식물분류학에 많은 업적을 남겼다.

◆ 브라이언 호튼 호지슨(B. H. Hodgson, 1800~1894): 영국의 자연과학자이자 민족학자로 인도와 히말라야의 생물에 대한 많은 연구를 하였다.

◆ 윌리엄 잭슨 후커 경(Sir W. J. Hooker, 1785~1865): 영국의 식물학자이자 식물 세밀화가. 영국 런던의 왕립식물원(Royal Botanic Gardens, Kew)의 소장을 역임하였다.

◆ 조지프 달튼 후커 경(Sir J. D. Hooker, 1817~1911): 영국의 식물학자로 윌리엄 후커(W. J. Hooker)의 아들이다. 영국의 남극 탐험대 일원으로 활동한 것을 계기로 뉴질랜드의 식물 연구에 대한 업적이 크다.

- 휴 스캘란 신부(Father Hugh Scallan, 1851~1928): 'Father Hugh Scallan(휴고 스캘론 신부)'으로 원문에는 표기되어 있으나, 옮긴이가 확인한 결과, Father Hugh Scallan(휴 스캘란 신부)가 정확한 이름이다. 'Padre Hugo'로도 알려져 있다. 아일랜드 더블린 출신으로 중국에서 오랫동안 선교 활동을 벌였다. 그는 아마추어 식물학자로 중국 동북북 지역을 여행하면서 수많은 식물을 채집하여 영국 런던의 큐가든으로 보내기도 하였다.
- 마커스 유진 존스(M. E. Jones, 1852~1934): 미국의 지질학자, 광산기술자 및 식물학자. 미국 서부의 초기 탐험가로 유관속 식물의 권위자로 알려져 있다.
- 앨버트 켈로그(Albert Kellogg, 1813~1887): 미국의 의사이자 식물학자. 캘리포니아 과학 아카데미(California Academy of Sciences) 창립자이기도 하다.
- 아치볼드 멘지스(Archibald Menzies, 1754~1842): 스코틀랜드 출신의 의사이자 자연과학자 및 식물학자. 외과의사로 북미, 중국, 하와이 등을 항해하면서 수많은 새로운 식물을 채집하였다.
- 로버트 포춘(Robert Fortune, 1812~1880): 스코틀랜드의 식물학자이자 식물채집가. 중국에서 차 종자와 재배기술을 몰래 빼내온 것으로 유명하다.
- 프랭크 킹덤 위드(Frank Kingdom-Ward, 1885~1958): 영국의 식물학자이자 식물채집가. 티베트, 중국, 미얀마 등지를 수십 년간 탐험하면서 식물들을 채집하였으며, 탐험 여행에 관한 다수의 저술을 남겼다.
- 윌리엄스: 프레데릭 뉴턴 윌리엄스(Frederick Newton Williams, 1862~1923). 영국의 식물학자.
- 캐스퍼 위스타(Caspar Wistar, 1761~1818): 미국의 물리학자이자 해부학자.
- 로버트 라이트(Robert Wright, 1796~1872): 스코틀랜드의 외과의사이자 경제학자 및 식물분류학자. 동인도회사의 일원으로 인도에서 수많은 식물을 채집하였다. 100여 개의 새로운 속과 1,200여 개가 넘는 새로운 식물종을 기술하였다.

사람 – 여성
(본문 104~107쪽)

◆ 율리아 므오코세비치(Julia Mlokosewitsch): 폴란드의 탐험가이자 식물학자로 코카서스의 생태 전문가였던 루드비히 모코세비츠(Ludwik Franciszek Młokosiewicz, 1831~1909)의 딸로 추정된다.

◆ 기억하기 훨씬 쉬운 학명이다!: 그의(Julia Mlokosewitsch) 성(姓)을 따서 명명한 *Paeonia mlokosewitschii*보다, 이름을 따서 명명한 *Primula juliae*라는 식물이 훨씬 더 기억하기 쉽다는 뜻이다.

◆ 독일 식물학 교수: 독일의 식물학자이자 탐험가였던 모리츠 쿠르트 딘터(Moritz Kurt Dinter, 1868~1945)이다. 그는 아프리카에서 많은 식물을 채집하고 연구했으며, 특히 다육식물의 전문가였다.

◆ *Juttadinteria*: 원문에는 *Juttadintera*라고 표기되어 있으나, 옮긴이의 확인 결과 *Juttadinteria*가 정확한 속명이기 때문에 수정하였다.

◆ 레지날드 파러(Reginald Farrer, 1880~1920): 영국의 여행가이자 식물채집가로 중국, 한국, 일본 등지에서 수많은 식물들을 채집하였다.

◆ *farrerae*: 진달래의 일종으로 중국, 대만, 일본 등지에 분포하는 *Rhododendron farrerae*가 그 예이다.

◆ 엘런 윌모트(Ellen Willmott, 1858~1934): 영국의 유명한 정원사로 아버지로부터 월리 플레이스(Warley Place)를 물려받고 식물재배에 많은 업적을 냈다. 영국 정원과 원예 발전에 지대한 공을 세운 인물이다. 영국 왕립원예학회(Royal Horticultural Society)의 주요 회원이었으며, 1897년 최초의 빅토리아 명예상(Victoria Medal of Honour)을 수상한 여성 두 명 중 한 명이었던 그녀는 1905년 런던의 린네학회 (Linnean Society of London) 회원으로 선출된 최초의 여성 중 한 명이기도 하다.

◆ 월리 플레이스(Warley Place): 영국 에식스(Essex)의 브렌트우드(Brentwood) 남쪽에 위치한 규모 약 10ha의 자연보호지역으로 20세기 초까지 엘런 윌모트(Ellen Willmott)의 정원이었다. 영국 퀸 메리, 빅토리아 공주 등이 이 정원을 방문했으

며 수선화, 크로커스, 스노드롭 등의 수많은 꽃들이 심겨 있다.

◆ 카리아(Caria): 소아시아 남서해안 지방의 고대 명칭으로 현재 터키 남서부 지방에 해당한다.

◆ 성 바르바라(St. Barbara): 초기 기독교의 동정녀 순교자이자 14성인 가운데 한 사람으로, 축일은 12월 4일이다.

◆ 덴포드 여사(Mrs C. G. Danford): 영국의 식물수집가로 주로 터키 지역의 식물들을 채집하였다. 그의 이름을 딴 터키 원산의 단포르디에붓꽃(Iris danfordiae)은 1876년에 그가 처음으로 서구에 소개하였다.

◆ 애치슨 여사(Mrs E. C. Aitchison): 스코틀랜드의 의사이자 식물학자인 제임스 애드워드 티어니 애치슨(James Edward Tierney Aitchison, 1835~1898)의 부인이다. 제임스 에치슨은 인도, 아프가니스탄 등지의 식물들을 다수 채집하였다.

◆ 파러 여사(Mrs Farrer): 영국의 여행가이자 식물채집가였던 레지날드 파러(Reginald Farrer, 1880~1920)의 부인.

◆ 플로린다 톰프슨(Florinda N. Thompson): 영국의 식물학자이자 탐험가였던 프랭크 킹덤 워드(Frank Kingdom-Ward, 1885~1958)의 첫 번째 부인. 프랭크 킹덤 워드는 중국, 티베트, 미얀마 등지를 탐험하며 수많은 식물을 채집하고 저술을 남겼다.

◆ 헬레네(Helen of Troy): 그리스 신화에 등장하는 아름다운 여인으로 제우스(Zeus)와 레다(Leda) 사이의 딸이다. 그리스와 트로이 사이의 전쟁인 트로이전쟁의 불씨가 되었다.

◆ 성 힐레르(Sacrite Hilaire): 프랑스의 식물학자이자 탐험가인 오거스틴 세인트 힐레르(Augustin Saint-Hilaire, 1779~1853)의 부인. 오거스틴 세인트 힐레르는 남미의 수많은 식물들과 동물들을 채집하고 연구하였다.

◆ 후커 부인(Lady Hooker): 영국의 식물학자로 남극, 히말라야, 인도, 뉴질랜드 등을 탐험한 조지프 달튼 후커 경(Sir Joseph Dalton Hooker, 1817~1911)의 부인이다.

◆ 아멜리아 흄 부인(Lady Amelia Hume): 아일랜드 출신 미국 정치가였던 제임스 로건(James Logan, 1674~1751)의 부인. 제임스 로건은 식물 종자에 관심이 많았던 자연과학자이기도 했다.

◆ 조제핀 황비(Joséphine de Beauharnais, 1763~1814): 프랑스 황제 나폴레옹 (Napoléon Bonaparte, 1769~1821) 1세의 첫 황비(皇妃).

◆ 율리아나 슈나이더(Juliana Schneider): 독일의 저명한 식물학자이자 조경가였던 카밀로 카알 슈나이더(Camilo Karl Schneider, 1876~1951)의 딸이다.

◆ 유타 딘터(Jutta Dinter): 독일의 식물학자이자 탐험가였던 모리츠 쿠르트 딘터 (Moritz Kurt Dinter, 1868~1945)의 부인.

◆ 루실 브와시에(Lucile Boissier): 스위스 식물학자 피에르 에드몽 브와시에(Pierre Edmond Boissier, 1810~1885)의 부인.

◆ 올가 여왕(Queen Olga): 그리스의 요르요스 국왕 1세(George I of Greece, 1845~1913)의 부인으로 러시아 출신이다.

◆ 롭 여사(Mrs Robb): 메리 앤 롭(Mary Ann Robb, 1829~1912). 19세기 영국의 여성 식물학자.

◆ 테코필라 빌로티(Tecophila Billotti): 이탈리아의 식물학자 루이기 알로이시우스 콜라(Luigi Aloysius Colla, 1766~1848)의 딸이다.

◆ 빅토리아 여왕(Queen Alexandrina Victoria, 1819~1901): 19세기 대영제국의 전성기를 이끈 여왕.

방위
(본문 108~109쪽)

◆ *borealis*: 아한대 또는 타이가 지대라고도 하며 북위 약 50~70° 사이에 위치해 있다.

◆ *Cordyline australis*: 일명 cabbage tree, cabbage-palm이라고도 하며 뉴질랜드에서만 서식하는 고유종이다. 수고 약 20m, 흉고직경 약 2m에 달하고, 잎은 긴 칼 모양을 하고 있으며 거의 1m 가까이 자란다.

장소 - 국가
(본문 114~117쪽)

* *amicorum*: 라틴어로 '친구들'이란 뜻이다.
* 친절한 섬(Friendly Islands): '친절한 섬'이란 영국의 제임스 쿡(James Cook; 1728~1779) 대령이 1773년 유럽인 최초로 태평양의 통가(Tonga) 섬을 방문했을 때 환대를 받았기 때문에 붙여진 통가 왕국의 별칭이다.
* 포모사 섬(the island of Formosa): 타이완의 별칭이다.
* 버진제도(Virgin Islands): 서인도 제국 푸에르토리코 동쪽의 미국과 영국령 제도. 미국령은 3개 섬으로 이루어졌으며, 영국령은 11개 섬으로 이루어졌다.

장소 - 국가와 지역
(본문 122~125쪽)

* 콘월(Cornwall): 인구 약 50만이 거주하는 영국 잉글랜드 남서부의 주(county).
* 대척지(對蹠地, Antipodes): 지구 중심에 대하여 지구상 한 지역의 반대측 지역.
* 인도의 디오다르(Deodar): 인도 서부의 도시로 Diyodar 또는 Diodar라고 표기한다.
* 조지아(Georgia): 1990년 구소련이 붕괴되면서 러시아로부터 독립한 신생국가로 '그루지야'라고도 한다.
* 일리리아(Illyria): 발칸반도 서부 아드리아(Adria) 해 동쪽에 있었던 고대 국가.
* 라지스탄(Lazitan): 흑해의 남동쪽 해안에 있는 지역으로 라즈어를 사용한다.
* 레티안 알프스(Rhaetian Alps): 스위스 동부에서 오스트리아 서부에 걸친 산맥.
* 그리스의 이다 산(Mt. Ida): 그리스 크레타섬의 산. 제우스가 탄생한 산으로 고대 그리스 · 로마 시대의 성소이다.

장소 – 도시, 마을, 정원
(본문 126~129쪽)

- 기존 학명이 마을 이름에 따라 변형된 것도 있다: *Gentiana stevenagensis* 겐티아나 스테베나겐시스는 짙푸른색의 꽃을 피우는 용담속의 식물로 *Gentiana sino-ornata*와 *Gentiana veitchiorum*의 교잡종이다. 흔히 *Gentiana ×stevenagensis*로 표기한다. 영국 하르퍼트셔 카운티의 소도시 스티버니지(Stevenage)에서 교잡이 이루어져 종소명에 *stevenagensis*로 표기되었다.
- 요크(York): 영국 잉글랜드 노스요크셔 카운티에 있는 도시.
- 엑세터(Exeter): 영국 잉글랜드 남서부 대번셔(Devonshire)주(州)의 주도. 고딕식 대성당이 유명하다.
- 그르노블(Grenoble): 프랑스 동남부 알프스 산맥 동쪽 기슭에 있는 역사적 도시.
- 시싱허스트 캐슬(Sissinghurst Castle)의 유명한 정원: 보통 시싱허스트 캐슬 가든(Sissinghurst Castle Garden)이라고 한다. 1930년대에 시인이자 소설가인 비타 색빌웨스트(Vita Sackville-West; 1892~1962)가 조성한 정원이다.
- 월리 플레이스(Warley Place): 영국 에식스에 있는 자연보존구역으로 약 10ha에 달한다. 영국의 저명한 원예가 엘렌 윌모트(Ellen Willmott; 1858~1934)의 정원이었다. 그녀는 영국 왕립원예협회 회원으로 많은 업적을 남겼고 1897년 최초로 빅토리아 명예훈장(Victoria Medal of Honour)을 수여받았다.
- 바베이도스(Barbados): 카리브 해의 가장 동쪽에 위치한 도서국가로 영국 연방국가 중 하나이다.

외래명
(본문 130~133쪽)

- *Grossularia*(그로술라리아속): 흔히 구스베리는 *Ribes* 리베스속에 속하지만, 구스베리만큼은 '*Grossularia*'로 분류하는 학자들도 있다.

◆ 개불알풀: 한국에서 자생하는 개불알풀(Field speedwell, *Veronica didyma* var. *lilacina*)은 주로 길가나 텃밭 언저리에서 자란다. 개불알풀이라는 이름은 일본 식물학자 마키노(牧野, 1862~1957)가 이 식물의 열매가 마치 개의 음낭(이누 노후쿠리, 犬陰囊)과 비슷하여 붙였다고 한다.

◆ 튤립(tulip): 튤립은 프랑스 학자들이 그 꽃 모양이 이슬람교도들의 머리 두건 인 터번(turban)을 닮았다고 해서 터번의 프랑스어인 tulipan이라고 부른 것이 tulip의 기원이라고 한다. 중앙아시아가 원산지인 튤립은 16세기 중반에 유럽 에 들어왔다. 터키와 네덜란드의 국화다.

◆ 고대의 역사적 유래: 그리스 신화에 나오는 인간 청년 크로코스(Krokos)의 이 름으로, 그는 불멸의 존재인 님페 스밀락스와 이루어질 수 없는 사랑에 빠져 고통 받다가 이를 가엽게 여긴 신에 의해 사프란(saffron) 꽃으로 변신하였다. 이후 그리스 사람들은 그의 이름을 따서 크로코스라 불렀다고 한다.

◆ 말루쿠어(Moluccan): 인도네시아에 속하는 말루쿠 제도의 언어.

◆ 타타르어(Tartar): 우랄산맥 서쪽에서 중국에 이르는 투르크 어계(語系)의 종 족인 타타르족이 쓰는 언어.

◆ 서인도제도어(West Indies): 중앙아메리카 카리브해에 위치한 섬들로 이루어 진 호상열도(弧狀列島) 지역의 언어.

◆ 병아리콩(Chickpea, *Cicer arietinum*): 병아리의 얼굴을 닮았다고 하여 붙여진 이 름으로 이집트콩이라고도 한다. 렌틸콩과 함께 슈퍼푸드로 알려져 있다.

◆ 코펄 검(copal gum): 열대성 나무(copal)에서 채취하는 천연수지.

◆ 멕시코 원주민어: 멕시코 중앙 고원에 거주하는 원주민 나우아족(Nahua)의 언어인 나우아틀어(Nahuatl language). 나우아틀어로 'copalli'는 '수지'를 뜻한다 고 한다.

◆ 사프란(saffron, *Crocus sativus*): 붓꽃과의 여러해살이풀로 염색, 향신료 등으로 사용된다. 고가의 향신료로 알려져 있는 사프란은 암술대가 향신료로 쓰인 다. 주로 파에야, 부야베스, 리조토, 쿠스쿠스 등의 음식에 사용된다.

◆ 셈어(Semetic): 아라비아반도, 북아프리카, 에디오피아 주변 지역에 거주하는 셈족(Semites)의 언어. 성서에 나오는 노아의 아들 셈에서 유래한 것으로 알려

져 있다.

- 구스베리(gooseberry, *Ribes grossularia*): 서양까치밥나무라고도 한다. 가시가 있는 관목으로 흰 꽃이 피어 관상용으로 심기도 하며 새콤달콤한 열매는 소스나 잼 등으로 이용된다.

- 브라질 원주민어: 브라질 원주민이 사용하던 투피어, 과라니어 등이다. '*Petunia*'는 원주민이 담배를 지칭하던 'petum'이란 단어에서 유래되었다고 한다.

- *Prunella*(꿀풀속): 꿀풀속 식물들은 후두염이나 편도선염증 치료에 효과가 있다고 알려져 있다.

- 말레이어(Malay): 말레이시아 · 싱가포르 · 인도네시아에서 쓰이는 언어.

- 마다가스카르어(Madagascan): 아프리카 남동쪽 인도양에 있는 섬나라 마다가스카르(Madagascar)의 언어로 말라가시어라고도 한다. 어휘, 문법 등이 보르네오 언어와 유사한 점이 많아 보르네오 섬에서 전해진 것으로 추정하고 있다.

- *Tulipa*: 백합과 산자고속(*Tulipa*)의 튤립(tulip)류를 지칭하는 학명으로 두건(turban)을 뜻하는 페르시아의 고어 'tulipan'에서 유래했다고 한다. 튤립 꽃의 모양이 두건(turban)과 유사해서 붙여진 이름이라고 한다.

- 카사바(cassava, *Manihot esculenta*): 남아메리카 원산의 낙엽성 관목. 뿌리로 타피오카(tapioca)라는 식용 전분을 만든다.

- 델피니움(*Delphinium*): 제비꼬깔류로 북반구와 열대 아프리카의 고산지대에 300여 종이 서식하는 것으로 알려져 있다. 꽃봉오리의 형태가 돌고래(dolphin)를 닮아 붙여진 이름이다.

- 아프가니스탄어: 파슈토어(Pashto language)라고도 하며, 페르시아어와 더불어 아프가니스탄의 공용어이다.

전통적인 학명
(본문 134~137쪽)

- 맨드레이크(mandrake, *Mandragora officinarum*): 지중해 지방이 원산지인 허브

의 한 종류로 뿌리가 둘로 나뉘며, 사람의 하반신 모습과 닮았다. 게르만인들은 '맨드라고라(Mandragora)'라는 작은 남자의 악령이 이 식물에 산다고 믿었다. 영국의 작가 조앤 K. 롤링(Joan K. Rowling)이 지은 판타지 소설 『해리포터 (Harry Potter)』에 등장하여 많이 알려졌다.

◆ *Oenothera*: 또 다른 해석으로는 그리스어로 포도주를 뜻하는 'oinos'와 마시다라는 뜻의 'thera'에서 유래했다고 한다.

◆ 플루토(Pluto): 그리스 신화에 나오는 인물로 하데스(Hades)의 후신(後身)으로 저승의 지배자이다. 대지의 풍요한 힘을 장악한다고 한다.

◆ 아킬레우스(Achilles): 그리스 신화의 영웅으로, 바다의 여신 테티스와 프티아의 왕 펠레우스의 아들이다. 토로이전쟁의 영웅으로 트로이의 왕자 파리스 (Paris)에게 치명적인 약점인 발뒤꿈치에 화살을 맞아 죽었다고 한다.

◆ 아이아스(Ajax): '아약스'라고도 한다. 그리스 신화에 등장하는 트로이 전쟁의 두 영웅으로 대(大) 아이아스와 소(小) 아이아스로 불린다. 대(大) 아이아스가 죽은 후 흘린 피에서 히아신스(*Hyacinthus orientalis*) 꽃이 피었다고 전해진다.

◆ 페르세우스(Perseus): 제우스(Zeus)의 아들로 메두사의 목을 벤 영웅으로 유명하다. 안드로메다를 구출하고 그녀와 결혼한 후 미케네의 왕이 된다.

◆ *Cerealis*: 라틴어로 '곡식의', '곡류의'란 뜻으로 곡물을 갈아 만든 인스턴트 식품류 시리얼(cereal)도 이 단어에서 유래했다.

◆ 헬레네(Helen): 그리스 신화에 등장하는 아름다운 여인으로 트로이(Troy) 왕자 파리스(Paris)에게 잡혀가 트로이전쟁이 일어났다.

◆ 베르길리우스(Publius Vergilius Maro, BC 70~19): 로마의 시인.

◆ 플리니우스(Gaius Plinius Secundus, BC 23~79): 로마의 정치가이자 박물학자로 『Naturalis Historia(박물학사)』의 저자이다.

◆ 니칸데르(Nicander, 2세기경): 고대 그리스의 시인이자 의사. 보통 콜로폰 태생의 니칸데르(Nicander of Colophon)라고 부른다. 콜로폰은 현재 터키의 서쪽 해안도시이다.

◆ 테오프라스토스(Theophrastos, BC 373~287): 그리스의 철학자이자 과학자. 식물에 대한 업적이 많아 '식물학의 아버지', '식물학의 창시자'로 불린다.

- 파이온(Paeon, 파에온): 그리스 신화에 나오는 인물로 신들의 상처를 치료해주는 의술의 신이다.
- 판도라(Pandora): 그리스 신화에 나오는 인물로 제우스가 프로메테우스로부터 불을 얻은 인간을 벌하기 위해 헤파이스토스를 시켜 진흙을 빚어서 만들게 하였다는 최초의 여성. 판도라가 온갖 재앙을 가둬둔 상자를 호기심에 못 이겨 여는 바람에 인류의 모든 불행이 시작되었다고 한다.
- 폰투스(Pontus): 기원전 2~3세기경 흑해 주변에 번성했던 왕국.
- 프로테우스(Proteus): 그리스 신화에 나오는 '바다의 노인'이라고 불리는 해신들 중 한 명이다.
- 컴프리(Comfrey, *Symphytum officinale*): 유럽 원산의 다년초로 비타민, 미네랄이 풍부해 약용식물 또는 사료용으로 이용되고 있다.

재배 품종명
(본문 138~141쪽)

- 애드미럴 로드 앤슨(Admiral Lord Anson, 1697~1762): 영국의 왕립해군 장교.
- 앨런 티치마시(Alan Titchmarsh, 1949~): 영국의 유명 정원사이자 소설가, 저널리스트.
- 앨버스(Albus): 흰색의.
- 앨프리스턴(Alfriston): 영국 윌든(Wealden) 이스트서섹스(East Sussex)의 작은 마을.
- 올스파이스(Allspice): 올스파이스. 카라비안제도에 서식하는 상록성 교목의 열매로 향신료로 사용된다.
- 부크햄(Bookham): 영국 남동부 서리(Surrey) 주의 마을.
- 벅패스트 애비(Buckfast Abbey): 1018년에 세워진 영국 데본(Devon) 소재의 수도원.

옮긴이의 글

    이름은 소통을 위한 명칭으로, 사물에 대한 정보를 전달할 수 있는 창구 역할을 한다. 또한 이름은 그 존재를 확인시켜주는 중요한 지표이기도 하다. 우리가 매일 마주하는 꽃과 나무*도 제각기 이름 하나씩은 가지고 있다.

    식물에게 이름을 부여하고자 애썼던 '식물학의 아버지' 테오프라스투스(Theophrástus, BC371~BC287)는 아리스토텔레스의 제자였다. 그는 철학자로서 식물을 통해 자연계의 질서를 파악하려 노력했다. 주변에 어떤 식물이 살고 있는지, 그리고 이 식물들을 어떻게 구별할지에 관심이 많았다. 더 나아가 식물에 이름을 부여하는 일에 몰두했는데, 그가 이름을 지은 식물은 500여 종에 이른다.

    이름이 없던 식물에게 이름을 지어준다는 것은 다시 태어나게 하는 것이자, 식물의 존재를 재확인시켜주는 행위이다. 이렇게 이름을 부여하는 행위에는 언어학적 의미뿐 아니라 철학적 의미도 깃든다.

    테오프라스투스 이후 수천 년이 흐른 지금에는 시간과 공간의 제

---

*   '꽃과 나무'는 관용적으로 널리 쓰이는 표현이지만, 식물학적으로 엄밀히 따지면 '나무 [木]'와 '풀[草]'로 표현해야 옳다.

한이 줄어들면서 언어와 문화가 통합되고 있다. 식물의 이름도 예외가 아니어서 세계인들이 서로 소통할 수 있는 하나의 이름이 필요하게 되었다.

같은 식물이라도 나라와 장소에 따라 각기 다르게 부른다면 혼란스러울 것이다. 이를 방지하기 위해 식물별로 단 하나의 이름이 필요한데, 그것이 바로 학명(學名, scientific name)이다. 학명은 언어와 국경을 넘어 소통하기 위한 공통분모이자 고유한 이름이다. 또한 학명만으로도 식물의 개략적 특징을 파악할 수 있다. 18세기에 체계화되면서 세계 공통의 표준어가 된 식물 학명은 이제 관련된 일에 종사하는 사람에게 꼭 필요하다.

『정원사를 위한 라틴어 수업(A Gardener's Latin)』은 식물의 학명 해설이 주제인 책으로 영국의 내셔널트러스트(National Trust)에서 출간되었다. 이 책을 쓴 리처드 버드(Richard Bird)는 영국 왕립원예학회(Royal Horticultural Society, RHS)의 위원으로 약 30여 권에 달하는 다양한 원예학 관련 저서를 출간한 원예전문가이다. 나는 수년 전 영국 런던의 왕립식물원 큐가든(Royal Botanic Gardens, Kew)에서 이 책을 발견하고 무척 반가웠다.

우선 책의 편집과 디자인이 사랑스러웠고, 내용을 전달하는 방식 또한 색달랐기 때문이다. 평소 강의에서 학명의 중요성을 강조했던 만큼 학생들에게 이 책을 소개했다. 그러나 관련 전공 학생뿐 아니라 식물에 관심을 가진 일반인에게도 많은 도움이 될 것 같다는 생각이 들어 번역을 하게 되었다. 이 책은 두 가지 점에서 기존의 책들과 다르다.

우선 서술 방식이 다르다. 기존의 라틴어 학명 관련 서적은 식물 학명을 알파벳순으로 나열하고 뜻풀이가 대부분이다. 이와 달리 이 책은 식물과 관련된 주요 주제를 중심으로 식물 이름을 해설하고 있다. 즉 기존 서적들이 '학명-의미'와 같이 단순한 사전식 열거 방식을 취했다면, 이 책은 식물과 관련된 주요 내용들을 먼저 해설하고 그에 대한 각 학명을 설명하는 방식을 택했다. 그 결과 독자들은 '아하, 그래서 이런 이름이 붙었구나!' 하고 저절로 고개를 끄덕이게 된다. 그러다 보니 학명은 '무작정 머릿속에 입력해야 하는 식물 이름'이 아니라 '자연스럽게 기억되는 식물 이름'으로 남는다. 예를 들어 우리가 건물을 설명할 때, 평면도만으로 설명하는 방식과 입체적인 '3차원 디스플레이'로 설명하는 방식의 차이와 흡사한 것이다. 입체적인 내용 구성이야말로 이 책의 큰 장점이다.

두 번째로 이 책의 주된 내용은 식물 이름이지만 저자는 학명 뒤에 숨은 이야기에 집중하여 서술했다. 학명 하나하나의 뜻을 즉설(卽說)하는 것이 아니라 형태, 생리, 색깔, 서식지 등 관련 주제별로 묶어 그 배경을 설명하고 있다. 마치 음식을 설명할 때 단순히 맛만 표현하는 것이 아니라 재료의 산지, 조리법, 음식을 만든 민족의 문화와 자연 환경까지 설명함으로써 의미를 풍부하게 하는 것과 비슷하다고 할 수 있다. 단순한 메뉴 설명이 아닌 음식 문화에 관한 종합적인 해설처럼 느껴진다. 그 결과 이 책의 내용이 라틴어라는 언어에서 출발하여 형태학, 생리학, 생태학 등의 자연과학으로, 그리고 식물학의 역사와 문화, 지리까지 번져나가 '인문과학교양서'의 성격을 띠게 된다. 이야기의 확장성이 두 번째 특징이라 할 수 있다.

최근 들어 식물에 대한 관심이 점차 높아지고 있다. 예전처럼 단지 꽃이나 잎 등의 외형적 아름다움을 즐기거나 실생활에 필요한 식용, 약용의 가치를 넘어, 식물이 주는 정서적, 환경적 가치가 더욱 주목받고 있다. 최근에는 '반려식물' 가꾸기 같은 홈가드닝 분야에 대한 관심이 급증했다. 식물을 기르고 정원을 가꾸는 일이 암이나 치매 예방에도 도움이 된다는 연구 결과도 있다 하니, 그 중요성이 날로 증가하고 있다.

예쁜 식물을 심고 가꾸며 심리적 안정과 기쁨을 누리는 정서적 가치 외에도 점점 심각해지는 환경오염의 영향으로 식물의 환경생태적 가치도 조명받고 있다. 그 결과 식물로 집을 장식하고 정원을 꾸미며, 나아가 우리의 삶을 가꾸는 정원사의 역할이 더없이 중요해졌다. 이 책은 정원사뿐 아니라 식물을 사랑하는 모든 이들을 위한 교양서라고 할 수 있다. 식물에 관한 한 세계 공통어인 라틴어를 통해 식물의 특성과 이름의 유래를 알게 되고, 그에 얽힌 역사와 문화에 눈뜨게 된다면 더할 나위 없겠다.

많은 각주를 첨부한 것도 식물과 관련된 다양한 역사와 문화를 알리고 싶은 옮긴이의 바람이다. 식물의 세계 공통 이름인 학명은 라틴어로 쓰이기 때문에 표기와 발음도 다소 생소하다. 부록에 라틴어 발음과 학명 표기 원칙을 밝혀둔 것도 이 때문이다.

부족한 원고를 다듬어 번듯한 책의 꼴을 갖추게 해주신 궁리출판사 변효현 팀장님과 많은 지지를 보내주신 이갑수 대표님, 그리고 책 출간에 도움을 주신 김양희 님께 감사드린다. 평소 물심양면으로 응원해주신 한국전통문화대학교 전통조경학과 진상철 교수님과 김충식 교수님께도 감사 인사를 전한다.

2019년 3월

이 선

식물의 명명(命名)과
학명(學名, scientific name)에 대하여

'*Plantago foliis ovato-lanceolatus pubescentibus, spica cylindrica, scapo tereti*(플란타고 폴리스 오바타-란체오라투스 푸베센티부스, 스피카 실린드리카, 스카포 테레티).'

이것은 18세기 초까지 유럽에서 사용되던 식물 이름의 사례이다. 라틴어로 된 이 식물의 이름을 해석하면 '털이 있고 끝이 뾰족한 달걀형의 잎과 수상화서인 원주형의 꽃자루가 달린 질경이'라는 뜻이다. 이는 이름이라기보다는 식물의 형태와 특성을 장황하게 나열하는 설명문에 가까웠다. 이런 식물 이름은 기억이 어려웠을 뿐 아니라 표기도 불편했다. 게다가 당시에는 유럽의 조선과 항해술이 발달하여 탐험대가 아프리카와 아시아, 아메리카 대륙 등지에서 수많은 식물 표본들을 보내왔다. 이를 명명하고 분류해야 했으니, 이처럼 복잡하고 긴 이름은 많은 어려움을 초래했다. 결국 전 세계에서 발견되는 신종과 새롭게 등록되는 종들이 급증하자 간략하고 통일된 식물명에 대한 새로운 규칙이 필요하게 되었다.

이때 스웨덴의 생물학자 칼 폰 린네(Carl von Linné, Carolus Linnaeus)는 식물의 명명에 대한 획기적인 방안을 제시했다. 길고 복잡한 이름 대신 간단하게 표기하자는 것이었다. 그는 1735년 『자연의 체계(Systema Naturae)』라는 저서에서 식물 이름을 속명과 종소명, 단 두 단어로 구성된 이명법(二名法, Binomial nomenclature)으로 표기했다. 이명법에 따르면 위 식물(흰털질경이)의 학명은 *Plantago media*(플란타고 메디아)이다. 이러한 명명법은 주요 특징과 어느 집단에 속하는지를 정확하게 파악하게 해주는 장점이 있었다.

그는 이 책을 통해 이명법을 확립시켰으며, 뒤이어 1753년에 출간한 『식물의 종(Species Plantarum)』은 현대 식물 명명법의 시발점이 되었다. 사실 두 단어로만 이루어진 이명법은 스위스의 식물학자 가스퍼 보앵/카스퍼 바우힌(Gaspard Bauhin/Caspar Bauhin, 1560~1624)이 1623년 『식물의 극장 총람(Pinax Theatri Botanici)』에서 처음 제창했다. 〔앞에는 일종의 성(姓)에 해당하는 일반적 이름을 쓰고 뒤에 다른 개체와 구별되는 구체적 이름을 덧붙였다.〕

식물 명명에 대한 기초적인 규정을 린네가 확립해놓은 후, 100여 년이 지난 1867년에 전 세계의 식물학자들이 프랑스 파리에 모여 제1회 국제식물학회를 개최했다. 이 국제회의에서 스위스(프랑스)의 식물학자 알퐁스 캉돌(Alphonse Louis Pierre Pyrame de Candolle, 1806~1893)이 제안한 식물명명규약(Laws of Botanical Nomenclature)이 통과되어 국제적으로 통용되기 시작했다. 그 후 명명규약은 계속 변경 및 수정되어 지금에 이르렀는데, 1867년 캉돌이 제시한 규약은 현재 통용되는 '조류, 균류 및 식물에 대한 국제명명법(ICN: International Code of Nomenclature for Algae, Fungi, and Plants)의 원형(原型, prototype)

이 되었다.

'조류, 균류 및 식물에 대한 국제명명법'은 2011년까지 '국제식물 명명규약(ICBN: International Code of Botanical Nomenclature)'으로 불리다가 2011년 호주 멜버른에서 열린 국제 식물학회에서 현재의 명 칭으로 바뀌었다.

규약에 따라 전 세계 모든 식물의 학명이 정해지는데, 이명법이 원칙이며 하나의 식물에는 오직 하나의 이름(정명)만을 허용한다. 또한 1753년 출판된 린네의 『식물의 종』을 기준으로 우선권을 규정하고 있다.

학명(學名, scientific name)은 속명(俗名, generic name)과 종소명 (種小名, specific name)으로 이루어지며, 그 뒤에 명명자가 표기되기도 한다. 학명은 라틴어이거나 라틴어화해야 한다.

속명은 식물의 일반적 종류를 의미하며, 명사로 항상 대문자로 시작한다. 라틴어나 그리스어의 고어, 식물의 특징, 관련된 사람의 이름, 신의 이름, 지명 등과 연관 있다. 예컨대 소나무속을 뜻하는 *Pinus* 는 고라틴어로 '산(山)'을 뜻하는 pin에서 유래했으며, 철쭉속의 속명 *Rhododendron*은 그리스어로 '장미'를 뜻하는 rhodos와 '나무'를 뜻하는 dendron의 합성어로 직역하면 '빨간색 꽃을 피우는 나무'이다. 또 인삼속의 *Panax*는 그리스어 '모두', '전부'를 뜻하는 pan과 '치료'를 뜻하는 akos의 합성어로 만병통치를 뜻한다.

종소명은 동일 속 각 개체를 구별해주는 수식적 용어로 형용사이다. 소문자로 표기한다. 인명, 고어에서 유래된 일반명, 지명, 식물의 특징 등에서 유래하는데, 어미는 속명의 성(性)에 따라 달라진다(본문의 〈들어가면서〉 참조). 소나무의 종소명 *densiflora*는 '꽃이 밀생하다'는 뜻이고, 철쭉의 종소명 *schlippenbachii*는 철쭉을 유럽에 처음 소개한 독일 해군 제독 바론 폰 슐리펜바흐(Baron von Schlippenbach)의 이름에서 유래했다. 또 인삼의 종소명 *ginseng*은 인삼의 중국 이름에서 유래했다.

속명과 종소명은 이탤릭체로 쓰지만, 명명자는 정자체로 쓰며 대문자로 시작한다. 식물 학명 표기에서 명명자는 생략하는 경우가 대부분이다. 학명 중간에 표시된 변종(Varietas, 약어로 var.)과 품종(Formata, 약어로 for.)의 표기는 이탤릭체가 아닌 정자체로 표기한다.

라틴어 발음[*]

    학명의 라틴어 발음은 크게 고전 발음(복원 발음), 로마 발음(교회 발음), 북유럽식 발음으로 구분한다. 고전 발음은 르네상스 시대의 고전 문헌을 중심으로 복원된 발음으로 현재는 거의 사용되지 않고 있다. 반면에 로마 가톨릭 교회를 중심으로 사용된 로마 발음은 현재 이탈리아의 학교에서 널리 읽히는 발음으로 '스콜라 라틴어'라고도 한다. 같은 라틴어일지라도 이탈리아, 스페인 등의 남부 유럽에서 사용되는 로마 발음 외에도 영국과 독일 등지에서 사용되는 북유럽식 발음도 있다. 이 북유럽식 발음은 유럽 학계에서 널리 쓰이던 발음으로 학술적 용례나 학명에 추천하는 사례가 있다.^{**}

    이처럼 라틴어 발음에 다소 차이가 난 이유는 역사적, 문화적 배경에서 찾을 수 있다. 18세기 이후에야 문화적 주도권을 잡은 영국과 독일 등지에서는 로마 제국과 중세의 역사보다는 고대 그리스 문화에서

---

*   라틴어 발음은 한동일(2016)의 『카르페 라틴어 종합편』과 Michael A. Covington의 『Latin Pronunciation Demystified』를 참조하였다.

**   미국의 조지아대학(University of Georgia)에서 언어학자로 활동하던 마이클 커빙턴 (Michael A. Covington) 박사의 『Latin Pronunciation Demystified(손쉬운 라틴어 발음법)』참조. www.covingtoninnovations.com/mc/latinpro.pdf

그들의 뿌리를 찾고자 했고 그 때문에 일부 발음은 고전 발음에 가깝다. 그러나 이탈리아나 스페인, 프랑스 등의 라틴계 국가에서는 자신들을 주축으로 유럽 문화가 맥을 이어왔다는 자부심으로 로마식 발음을 고수하였다. 현재 라틴어의 발음은 사용된 지역과 시기에 따라 다소 다르지만, 서로 간에 의사소통이 가능하여 어느 발음을 사용하여도 큰 문제가 없다. 다만 하나의 발음을 일관되게 사용하는 것이 원칙이다. 즉 로마 발음과 고전 발음 또는 북유럽식 발음을 혼용하는 것은 적절치 않다. 따라서 옮긴이는 본 역서에 나오는 학명은 유럽 학계에서 널리 사용한 북유럽식 발음을 기준으로 한글 표기하였다.

알파벳			고전 발음	로마 발음* (교회 발음)	북유럽식 발음
모음	a		아	아	아
	e		에	에	에
	i		이	이	이
	o		오	오	오
	u		우	우	우
	y		위(이)	이	위(이)
이중모음	ae		아이	에	에
	au		아우	아우	아우
	ei		에이	에이	에이
	eu		에우	에우	에우
	oe		오이	에	에
	ui		위	위	위
자음	b		ㅂ	ㅂ	ㅂ
	c	c 다음에 i, e, y, ae, oe가 오면	ㅋ	ㅊ	ㅊ
		그 외	ㅋ	ㅋ	ㅋ
	d		ㄷ	ㄷ	ㄷ
	f		ㅍ	ㅍ	ㅍ
	g	g 다음에 i, e, y, ae, oe가 오면	ㄱ	ㅈ	ㄱ
		그 외	ㄱ	ㄱ	ㄱ
	h		ㅎ	ㅎ	ㅎ
	j		이	이	이
	k		ㅋ	ㅋ	ㅋ
	l		ㄹ	ㄹ	ㄹ
	m		ㅁ	ㅁ	ㅁ
	n		ㄴ	ㄴ	ㄴ
	p		ㅍ	ㅍ	ㅍ
	q (항시 u와 함께 쓰임, qu)		ㅋ	ㅋ	ㅋ
	r		ㄹ	ㄹ	ㄹ
	s		ㅅ	ㅅ	ㅅ
	t		ㅌ	ㅌ	ㅌ
	v		우	ㅂ	ㅂ
	w		우	우	우
	x		ㅋㅅ	ㅋㅅ	ㅋㅅ
	z		ㅈ	ㅈ	ㅈ
이중자음	ch		ㅋ	ㅋ	ㅋ
	ph		ㅍ	ㅍ	ㅍ
	rh		ㄹ	ㄹ	ㄹ
	sc	sc 다음에 a, o, u가 오면	ㅅㅋ	ㅅㅋ	ㅅㅋ
		sc 다음에 e, i가 오면	ㅅㅋ	ㅅ	ㅅ
	th		ㅌ	ㅌ	ㅌ
	gn		ㅇㄹ	ㄴ	ㄱㄴ

*   '남유럽식 발음'이라고도 한다.

· 찾아보기 ·

amethystinus 보라색의 35

amicorum 친절한 섬, 통가(Tonga) 115, 117, 164

amydalinus 아몬드 모양의 95

Andromeda 페르세우스가 구해준 에티오피아 공주 137

angularis 각이 진 62, 63

aniso- 부등의, 같지 않은, 울퉁불퉁한 15

annulatus 고리 모양의 63

annuus 일년생의 85, 87

anosmus 냄새가 나지 않는 83

ante- 앞에, 이전에, 우선 15

-anthemus 꽃의, 꽃잎의 19

anthracinus 새까만 25, 27

-anthus 꽃의, 꽃잎의 19

Anthyllis 고대 그리스인의 이름 135, 137

antipodus 대척지(對蹠地) 125

antipyretica 해열(解熱)의 132, 133

aphyllus 잎이 있는 63

apifer 벌 같은 99

aquaticus 물속에 119, 121

aquatilis 수중의 121

aquilus 흑갈색의 43

arabicus 아라비아(Arabia) 117

arboreus 나무 같은 93, 95

arcturus 곰의 꼬리 99

argenteus 은색, 은색의 27

argophyllum 흰색 잎의 13

argo- 흰색의 13, 15, 27

aridus 건조지의 90, 91

armandii 선교사 아르망 다비드 102, 103

armatus 가시가 있는, 무장한 71

aromaticus 향기가 있는 83

Artemisia 카리아의 여왕 107

arundinaceus 갈대와 비슷한 95

arvenis 경작지에서 자라는 91

ascendens 비스듬히 오르는 77, 79

-ascens …에 가까운, 거의 …의, 적절한 19

asiaticus 아시아의 112, 113

asper 거친 69, 71

assurgens 비스듬히 오르는 79

asticus 얼룩이 없는, 완벽한 51

atropurpureus 짙은 자주색의 35

atrosanguineus 검붉은 13

atrovirens 암녹색의 43

atro- 어두운, 검은 13, 15, 34

aurantiacus 오렌지색의 38, 39

aureus 황금빛의 38, 39

aurorius 오렌지색의 39

aurosus 황금빛의 39

australiensis 호주의 113

australis 남방의 109, 112

austriacus 오스트리아 117

autumunalis 가을의 87

azureus 담청색의, 하늘색의 33, 35

Ⓑ

baldensis 발도 산의 47

banksianus 조지프 뱅크스(Joseph Banks) 103

banksii 조지프 뱅크스 103

Barbarae 성 바르바라 107

barbatus 수염이 달린 70, 71

beccabunga 개울의 흐름을 방해하는 131, 133

bellus 아름다운 21, 23

betonicifolius 베토니잎의 95

biennis 이년생의 85, 87

bifidus 두 갈래로 갈라진, 깊게 갈라진 59

bifoliatus 이엽(二葉)의 59

bi- 두 번, 둘 15

bis- 두 번, 둘 15

blepharophyllus 톱니처럼 째진 59

bombycinus 비단 같은 71

bonariensis 아르헨티나 부에노스아이레스 129

bonduc 개암나무 133

borealis 북방의 109

botryoides 포도 모양의 95

brumalis 겨울에 꽃이 피는 85, 87

brunneus 암갈색의 43

bryoides 이끼 같은 93, 95

-bundus 능력이 있는, 많은 19

buphthalmoides 황소의 눈 99

©

cacumenus 산꼭대기의 47

cadmicus 금속 같은 51

caerulescens 푸르스름한 35

caeruleus 푸른색의, 짙은 청색의 35

caesius 연보라색의 35

caespitosus 무리지어 자라는 63

calcaratus 거(距)가 있는, 돌기가 있는 55

calceolatus 슬리퍼 모양의 55

californicus 캘리포니아 125

callistus 매우 아름다운 23

calli- 아름다운, 예쁜 15

calo- 아름다운, 예쁜 15

camara 아치 모양의(서인도제도어) 133

Campanula 작은 종 53, 54

campanulatus, -um 종 모양의 55

campestre 평야의, 초원의 91

canariensis 카나리아제도(諸島)의 37

canarius 선황색(鮮黃色)의 39

capillepes 가는 줄기(대)의 63

cappriolatus 덩굴손이 있는 63

capreus 염소 같은 99

caricius 사초속(Carex)과 유사한 95

carneus 살구색의 31

carpathicus 카르파티아 산맥의 47

cashmerianus 카슈미르(Kashmir) 117

castus 얼룩이 없는, 순결한 51

cataris 고양이의 99

caudatus 꼬리 모양의 59

causticus 시큼한 83

cauticolus 절벽의 47

-cellus 아주 작은, 왜소한, 색이 엷은 19

centralis 중앙의 109

ceraceus 밀랍 같은 71

Cerealis 경작의 여신 137

cernuum, -us 앞으로 굽은, 굽은 77

Ceres 경작의 여신 137

Ceterach 양치식물 133

chamae 땅을 기는 63

chasmanthus 꽃잎이 열려 있는 55

cheilanthus 꽃이 입술 모양의 55

chinensis 중국(China) 117

chirophyllus 손 모양의 59

chlori- 분리된, 독립된 15

chlorus 연두색의 43

chryseus 황금색의 39

chrysoleucus 백황색의 39

cibarius 먹을 수 있는 83

Cicerbita 병아리콩 133

exoniensis 영국 엑세터(Exeter) 129

Ⓕ

faba 누에콩 137
falconeri 휴고 팔코너(Hugo Falconer) 103
fallax 거짓의 22, 23
fargesii 폴 기욤 파르쥬(Paul Guillaume Farges) 103
farinosus 흰 가루 모양의 71
farleynsis 바베이도스(Barbados), 페리 힐 가든(Farley Hill Gardens) 129
farrerae 파러 여사(Mrs Farrer) 105, 107
farreri 레지날드 파러(Reginald Farrer) 103, 105
ferrugineus, -a, -um 적갈색의, 녹슨 철색의 31, 41, 43
fastigiatus 여러 개의 가지가 직립하여 모인 63
fecundus 수확이 많은 23
felosmus 악취가 나는 83
fennicus 핀란드(Finland) 117
-fer …을 가진, …을 껴안은 19
feris 야생의 23
ferox 가시가 많은 69, 71
ferrugineus, -a, -um 적갈색의 31, 41, 42, 43
ferulaceus 펜넬(fennel) 모양의 95
fici- 무화과 비슷한 15
-fid 나뉜, 갈라진 19
fimbriatus 가장자리에 술이 달린 71
flabellatus 부채 모양의 59
flammeus 주홍색의 31

flaveolus 누르스름한 39
flavescens 노래지는 39
flavovirens 황록색의 43
flavus 밝은 노란색의 39
flore-pleno 겹꽃의 53, 55
floribundus 꽃이 잘 피는 23
florindae 플로린다 톰슨 (Florinda N. Thompson) 107
-florus 꽃의, 꽃잎의 18, 19
flos cuculi 뻐꾸기의 99
fluitans 부유하는 121
fluminensis 유수의 121
fluvialis 강 또는 하천의 121
foetidus 냄새가 고약한, 악취가 진동하는 83
-folia, -us, -um 잎의, 잎이 …개인 57
formicarius 개미 같은 99
-formis …의 모양의, …의 형태의 19
formosanus 타이완의, 대만의 116
formosus 아름다운 116
forrestii 조지 포레스트(George Forrest) 103
fragrans 향기로운 83
fragrantissimus 매우 향기로운 83
fraxineus 물푸레나무 모양의 95
fresnoensis 캘리포니아의 프레즈노 카운티 125
frigidus 추운 곳에 자라는 47
frutescens 관목 형태의 63
fucatus 착색한, 물들인 51
fulgens 광택이 나는 71
fulgineus 거무스름한 27
fulginosus 거무튀튀한 27
fulvus 황갈색의, 적갈색의 39
furcatus 포크(fork) 모양의 63

fuscatus 갈색을 띠는 43

fuscus 갈색의, 암갈색의 43

Ⓖ

galbinus 녹황색의 39

gallicus 프랑스(France) 117

garganicus 가르가노 산의 47

garganicus 이탈리아의 가르가노 산괴 125

genavensis 스위스 제네바 129

generalis 흔한, 우세한, 평범한 23

georgianus 미국 조지아 주 125

georgicus 조지아(Georgia) 125

georgii 조지 포레스트(George Forrest) 103

germanicus 독일(Germany) 117

giluus 탁한 노란색의 39

glabatus 부드러워지는 71

glaber 매끈한, 윤이 나는 71

glacialis 빙설한대의 47

glaucus, -a 하얀 꽃의 71

glaucus 청녹색의 43

globosus 둥근, 구형의 63

globularis 구형의 55

glomeratus, -a 함께 모인, 둥글게 밀집해 있는 55

gracilis 우아한, 가느다란 63

graecus 그리스(Greece) 117

gramineus 풀 같은 95

grammatus 돌출된 선이 있는 51

grandiflorus 큰 꽃의 75

grandifolius 큰 잎의 75

grandis 화려한, 커다란, 거대한 75

gratianopolitanus 프랑스 그르노블 (Grenoble) 129

graveolens 매우 고약한 냄새가 나는 83

griseus 진주빛 회색, 회백색의 27

Groenlandia 요하네스 그뢴란트 (Johannes Groenland) 103

Grossularia 구스베리 131, 133

Ⓗ

halleri 한스 할리에르(Hans Hallier) 103

hastatus 창끝 모양의, 화살 모양의 59

hederaceus 송악 모양의 95

hedys 달콤한, 기분 좋은 83

Helenium 트로이의 헬레네 137

Helenium 헬레네(Helen of Troy) 107

heli- 태양 15

hellenicus 그리스(Greece) 117

helodes 늪지의, 습지의 121

helveticus 스위스(Switzerland) 117

helvolus 연한 황갈색의 39

helvus 담황색의 39

hesperis 저녁의 87

hex- 여섯 15

hexandra, -us 6개의 수술을 가진 13

hilarei 성 힐레르(Sacrite Hilaire) 107

himalayense 히말라야 산맥 46, 123, 125

himalayensis 히말라야의 47

hircinus 산양(山羊) 냄새가 나는 83

hirsutissimus 털이 매우 많은 69, 71

hirsutus 털이 있는 71

hispanicus 스페인(Spain) 117

hispidus 꺼칠꺼칠한, 뻣뻣한 털이 있는

mortuiflumis 사수(死水), 정수(靜水) 121

Morus 뽕나무를 뜻하는 라틴어 137

mucosus 끈적끈적한 71

mucronatus 끝이 뾰족한 59

muralis 벽에서 자라는 47

murinus 쥐 같은, 쥐색의 99

myosotis 쥐의 귀 99

myosurus 쥐꼬리 99

Ⓝ

nanellus 아주 왜소한 75

nanus 왜소한 73, 75

napellus 순무 모양의 94, 95

Narcissus 그리스 신화에 등장하는 미소년 137

natans 물속을 떠다니는 121

nauseosus 역겨운 83

neapolitanus 이탈리아 나폴리 129

nemoralis 숲의 65, 67

nemorosa, -us 숲의 65

neo- 새로운, 새 15

neomontanus 독일 노이베르크 129

-nervis 엽맥의, 잎맥의 19

nervosus 맥상(脈狀)의 59

nesophilus 섬에 서식하는 121

-neuris 엽맥의, 잎맥의 19

Nicandra 니칸데르(Nicander) 137

niger 검은 25, 27

nigrescens 거무스름한 27

nigricans 거무스름한 25

nigropunctatus 거뭇거뭇한 27

niloticus 나일(Nile) 계곡 125

nitidus 윤이 나는 71

nivalis 눈처럼 새하얀, 빙설대에서 자라는 27, 46, 47, 53

niveus 눈처럼 새하얀, 눈백색의 26, 27

nivosus 눈처럼 새하얀 27

noctiflorus 밤에 피는 86, 87

non- 아니, 않(다), 없(다) 15

non-scrptus 드러나지 않는 51

notatus 점무늬가 있는 51

novae-zelandiae 뉴질랜드 10, 115, 117

novi-belgae 미국 뉴욕 129

Nuphar 백합 133

Nyssa 물의 요정 중 하나 137

Ⓞ

obesus 살찐, 다육성의 75

occellatus 눈[目]과 같은 51

occidentalis 서방의 109

oceanicus 바다 근처에 120, 121

ochraeus 황토색의 39

ochroleucus 황백색의, 담황색의 39

-odes 비슷한, 유사한 19

odorus 향기로운 81, 83

Oenothera 당나귀 잡는 사람, 다른 그리스 식물을 번역한 이름 135, 137, 168

-oides 비슷한, 유사한 19

okellyi 오켈리(O'Kelly) 101, 103

olidus 냄새가 고약한 83

olympicus 올림푸스 산의 47

oporinus 가을 또는 늦여름의 87

orarius 해안가의 121

oreophillus 산지를 선호하는 47

reptans 땅으로 기는 63

reticulata 그물 모양의 49

revolutus 밖으로 말린 79

rhaeticus 레티안 알프스(Rhaetian Alps) 125

rhaponticus 흑해 지역 125

ringens 두 갈래로 갈라져 벌어진 54, 55

riparius 강기슭의 120, 121

rivalis 개울가의, 강가의 120, 121

robbiae 롭 여사(Mrs Robb) 107

robertianus 로버트(Robert) 103

robustus 튼튼한, 성장하는 23

roseus 분홍색의 30, 31

rosmarinifolius 로즈마리 같은 잎의 95

rosularis 로제트(rosette) 형의 62, 63

rotundatus 원형의, 둥근 59

-rrhizus 뿌리의, 뿌리 깊은 19

rubellus 붉그스름한 18, 31

rubens 붉은 31

ruber 붉은 18, 29, 31

rubescens 약간 붉은 30, 31

rubicundus 불그레한 31

rubrifolius 붉은색 잎의 18

rudis 야생 또는 황무지의 91

rufescens 약간 적색의 31

rufinus 붉은 31

rufus 적갈색의 31, 42, 43

rugosus 주름이 있는 71

rupes 암석의 17

rupestris 암석이 있는 곳에서 자라는 17

rupicula 바위 사이에 자라는 46, 47, 150

ruprifragus 바위 틈에 자라는 47

ruralis 시골의 89, 91

russatus 붉게 물든 31

rutilans 밝은 적색의 31

Ⓢ

sabatius 이탈리아 사보나(Savona) 129

sabulosus 모래땅에 자라는 90, 91

saccharinus 달콤한, 설탕 맛이 나는 83

salici- 버드나무 15

salicifolia, -us 버드나무 잎과 유사한 13

salix 버드나무의 14

sancti-johannis 성 요한(St. John) 103

sanguineus 핏빛의, 주홍색의 29, 31

sassafras 범의귀속(Saxifraga)을 뜻하는 스페인어 133

sauro 도마뱀 모양의 99

saxatilis 바위 위에서 자라는 47

scaber 거친 69, 71

scandens 기어오르는, 비스듬히 오르는 79

scarlatinus 진홍색의 31

scopulorum 절벽이나 암벽에 자라는 47

scoticus 스코틀랜드(Scotland) 117

scriptus 조각한 51

sculptus 조각한 55

scutellatus 방패 모양의 55

seclusus 숨겨진 79

segetalis 옥수수밭의 91

segetum, -us 옥수수밭의 90, 91

sempervirens 상록의 41, 43

serotinus 만생의 87

sessile 화경이 없는 59

siliceous 모래땅에 자라는 90, 91

silvaticus 숲의, 야생의 67

silvestris 숲에 사는 66

silvicola 숲의 67

simplex 단순한 23

sinensis 중국(China) 116, 117

지은이 **리처드 버드**(Richard Bird)

영국 왕립원예학회(Royal Horticultural Society, RHS)의 위원으로 30여 권에 달하는 다양한 원예학 관련 저서를 출간한 원예전문가이다. 내한성 다년생 식물이나 고산식물에 대한 강연을 주로 진행하며, 일반인도 알기 쉽게 배울 수 있는 정원 가꾸기 노하우를 전파하고자 활발히 활동 중이다. 지은 책으로『일년생 초화류 활용하기(Making the Most of Annuals in the Garden)』,『미니 정원 프로젝트(Project for Small Gardens)』,『고산식물 정원 가꾸기 완전 정복(The Complete Book of Alpine Gardening)』,『허브와 텃밭 정원사(Kitchen and Herb Gardener)』,『가지치기 실용가이드(Ultimate Practical Guide to Pruning and Training)』,『허브 기르기(Growing Herbs)』,『완두콩과 콩, 그리고 새싹 기르기(Growing Shoots, Peas and Beans)』,『토마토 기르기(Growing Tomatoes)』,『뿌리채소 기르기(Growing Root Vegetables)』 등이 있다.

옮긴이 **이 선**(李瑄)

1957년 충남 논산 출생이다. 충남대학교 임학과를 졸업하고 독일 프라이부르크 대학교에서 석사(Diplom) 및 이학박사(Dr. rer. nat.) 학위를 받았다. 독일 프라이부르크 대학교 식생 및 입지학 연구소에서 근무했으며, 문화재청 천연기념물분과 전문위원을 역임했다. 현재 한국전통문화대학교 전통조경학과 교수로 재직 중이다. 전통 조경 공간과 자연유산에 관한 다수의 논문을 발표했으며, 지은 책으로『식물에게 배우는 네 글자』,『한국전통조경식재: 우리와 함께 살아온 나무와 꽃』,『한국의 자연유산』,『우리 자연유산 이야기』,『풍류의 류경, 공원의 평양』 등이 있다.

정원사를 위한 라틴어 수업

1판 1쇄 펴냄 2019년 3월 27일
1판 3쇄 펴냄 2022년 5월 16일

지은이 리처드 버드
그린이 던 쿠퍼
옮긴이 이 선

주간 김현숙 | **편집** 김주희, 이나연
디자인 이현정, 전미혜
영업·제작 백국현 | **관리** 오유나

펴낸곳 궁리출판 | **펴낸이** 이갑수

등록 1999년 3월 29일 제300-2004-162호
주소 10881 경기도 파주시 회동길 325-12
전화 031-955-9818 | **팩스** 031-955-9848
홈페이지 www.kungree.com | **전자우편** kungree@kungree.com
페이스북 /kungreepress | **트위터** @kungreepress

ⓒ 궁리출판, 2019.

ISBN 978-89-5820-580-7 03300